QIUZHI MIANSHI JIQIAO

求职面试技巧

乐轩◎编著

中国社会出版社
国家一级出版社·全国百佳图书出版单位
北京·BEIJING

目录
MuLu

第一章

QIUZHI MIANSHI JIQIAO

面试之前应有的准备

面试是指用人单位派人对应聘者进行有目的的面谈，是一种经过精心设计，以交谈和观察为主要手段，以了解应试者素质及有关信息为主要目标的一种测试方式。

面试是求职者获得应聘岗位的关键一步。但一次成功的面试所必须具备的条件已经远远超过了面试本身的内涵，换句话说，要顺利地通过面试获得录用就必须及早地为你的成功做好准备。有些方面的准备是长期的，比如为人处世的基本心态，这在表面上看起来似乎可有可无，实际上却准确地概括了职场成功人士所应具有的总体精神面貌。而在求职信息与技巧方面有备而来则可以使应试者拓宽视野，理论结合实践，加大成功的砝码。此外，应试者还应掌握一些有效的自我评价方法，以便及时了解自己的优势与弱势，适时作出合理的调整。

一、拥有积极的心态

无论在现实中生活还是在职场打拼，心态都是决定成败的一个关键因素。健康积极的心态是你最可宝贵的财富，它可以使你的职业生涯更有魅力，使你的人际关系更为顺畅，使你更容易实现人生目标。

积极的心态使你更加自信，更有幽默感，更能理解别人的需要。

拥有积极心态的职场中人会表现出良好的职业形象，愉快地展示自己的素质和实力，乐于勤奋工作，更有抱负，尊重同事，从而能被同事更好地接受。

要实现一个最好的自己，树立良好的自我形象，充满自信地应对求职面试的考验，就应当有一个积极的心态。

积极的心态跨越了你现实生活的很多方面，它是你成功应对求职面试的长期心理准备的基本内容。要记住，冰冻三尺，非一日之寒。

积极的心态主要表现在以下三个方面：

（一）拥有积极的人生目标

在你的人生中你应当为自己设立短期和长期的明确目标。成功本身并不是目标，而是通向目标的岁月旅程上的路标。要获得一个完满的人生，你必须让人生目标指引你前进。

人生目标源自你的价值观。随着你的需求、兴趣和责任的改变，你的人生目标也将发生相应变化。随着岁月的流逝每个人都有必要重新审视和修正自己的目标。你必须问自己你想给自己和家庭带来什么，你必须脚踏实地，你的目标必须力所能及。

首先决定你本周要实现什么。接着决定你要在下个月，下两个月，下三个月以至更长时间想要达成的目标。然后计划你想为自己和家庭提供的东西——一件新衣服，给孩子的一辆自行车，重新油漆厨房，客厅的新窗帘，一台彩色电视机，明年的海外旅游。某些短期目标很快就能实现，比如你可以留出一天的空儿去选购一台数码摄像机。而实现长期目标则需要花几周、几个月，甚至几年的时间。有时候，把长期目标分解成一系列的短期目标会更容易实现。也许你的目标是获得大学毕业文凭。为了实现这个目标，你就需要为四年或更长时间设立一个时间进度表，每年都衡量一下你的成就。

作为求职者，获得招聘单位的录用是你最迫切的人生目标，你需要为此付出全身心的努力。

（二）拥有积极的生活方式

积极的生活方式是求职者迈向成功的基本保证，它主要包括八个方面：

- 体能调节。定期定量锻炼身体，保证充足的睡眠，饮食要健康，戒烟限酒。

- 学会按计划做事。做事杂乱无章会导致不必要的压力。同时做太多事情会造成头脑不清、健忘和分心。所以应该把家里和单位的事情进行清晰的编排。这样一来，很多事情就会条理分明，从而极大地减少精力支出。
- 认可并接受自身的局限。很多人为自己设定了不合理的过于完美的目标。然而我们没有人是完美的，所以有时候我们不管把事情做得多好都会觉得不足甚至是失败。我们应当为自己设定力所能及的目标。
- 学会玩。偶尔你需要从生活的重压之下逃脱片刻来寻找乐趣。不管你的能力如何，你总能从生活中找到值得享受的诱人之处。
- 学会宽容和饶恕。对别人的不宽容往往导致自身的挫折感与愤怒。真正理解别人的感受使你更容易接受别人。如果你对别人的期望值过高，你的目的就不太容易达到。要知道，在这个世界上没有人是完美的，每个人都会犯错误。
- 避免不必要的竞争。我们无法避免生活中有很多竞争性的场合。在生活的很多领域过度地关注成功，会产生过度的紧张和焦虑，也使我们显得过于咄咄逼人。
- 管理好自己的时间。对于特定的任务要排出特定的时间来做。对于每天的时间和每周的时间都要作出规划。这可以确保任务按时完成，减少紧张情绪。
- 心理健康日。每周都留出一天用来真正的休息和放松。

  你的心理健康日应当：

  1. 设定为每周的同一天。
  2. 包含使人彻底放松的活动。
  3. 尽可能简单化。
  4. 被严格地实施。

（三）拥有和谐的人际关系

和谐的人际关系使你无论在职场还是现实生活中都能最大限度地实现自我，它主要体现在八个方面：

- 喜欢你自己。适度自我感觉良好的人对别人有吸引力。你越喜欢自己，别人也越愿意和你相处。你的快乐和自信会感染你身边的人。
- 做一个出色的倾听者。花时间倾听你身边的人。如果你总是主导着和别人的谈话，别人就会离你而去。
- 好胜心不宜太强。学会为你朋友的好运气而庆幸。
- 要真正对别人感兴趣。如果你真正对别人感兴趣，别人是会感受到的。只对自己感兴趣的人不会吸引别人。和别人第一次见面，或者新人来你的单位，或者碰到你的新邻居，要真诚地表现出对他们的兴趣，友谊之门自然就会打开。
- 接受人与人之间的差异。当你学会接受你自己的宗教、种族或者职业团体之外的人士时，你会吸引令你激动的新朋友。
- 要忠诚可靠。当别人知道能向你吐露他们的思想和观点时，他们会喜欢你。作为朋友最重要的品质是忠诚。可靠会使别人相信你，愿意做你的朋友。
- 赞扬别人。真诚的赞美是你吸引别人的强大磁铁。没有人不愿意接受别人的善意。当你看到别人剪了新发型或者出色地完成了一项任务时赞美一下，也可以传达来自第三人的赞美，这都会激励被赞美者的自信心。善意的赞美之词甚至能化解一个素不相识者的疏离感。当然你的态度要真诚。
- 尊重别人的观点。对于年龄、宗教、种族和政治等议题人们很容易产生分歧。如果你在这些领域固执己见的话，别人就会不愿意理你。要避免争议，允许他人摆出观点而不对他们横加攻击。

二、掌握择业的一般原则

职场好比一个现实的战场，它可以使你的美梦成真，也可以使你的理想破灭。它往往不近人情，伤害你的自尊，而且对错误毫不宽容。求职的过程常常令人沮丧，因为你会遭遇很多的拒绝和失败。要想在职场取得成功就需要有清晰的思路、良好的组织才能，以及有效的策略。而热情、坚韧不拔的毅力和应对挫折的能力也是必不可少的。

求职应聘、顺利实现就业，本身是一门学问和艺术，只有掌握一些基本的技巧，才能收到事半功倍的效果。

下面是求职者在职业选择过程中应该遵循的一些基本原则：

（一）选择自己喜欢的工作

爱好是成功的基础，兴趣是最好的老师，二者是把工作融于快乐之中的重要条件之一。兴趣和职业深深地结合，可以铸就一个人辉煌的职业生涯。微软公司就是一个很好的例证。

比尔·盖茨生于美国西雅图的一个中产家庭，小时候瘦小笨拙，但酷爱电脑。由于兴趣所致，13 岁便开始编写电脑程序，14 岁已在学校一个与电脑有关的组织中担任主席，17 岁向学校出售自己的第一个程序，赚了 4200 美元。他 19 岁的时候就读于著名的哈佛大学，然而，兴趣的魔力使他毅然放弃了别人梦寐以求的在哈佛大学求学的机会，中途退学，与朋友保罗·艾伦创办了微软公司。1980 年，微软成功地推出了 MS—DOS 操作系统软件。1985 年，微软又推出了革命性的视窗系统。从此微软在电脑领域称霸世界，比尔·盖茨也因此连续四年蝉联世界首富。

比尔·盖茨之所以能取得如此巨大的成功，原因是多方面的。其中一个重要的根源就是他喜欢电脑软件事业。从心理学的角度分析，一个人只有热爱某项事业，才能从内心深处喷发出对该事物的求知欲和探索的欲望，才能以苦为乐，以苦为荣，锲而不舍，最终取得辉煌的成就。

（二）选择自己所擅长的职业

在职业选择时，只有扬长避短，选择最有利于发挥自身优势的职业，才能胜任工作，最大限度地发挥自己的才能。

著名作家马克·吐温的转变，就是遵循“擅长原则”的成功典范。马克·吐温作为职业作家和演说家名扬四海，但年轻时，马克·吐温却试图成为一名商人。他曾投资开发打字机，不仅一无所获，还赔掉五万美元。看见出版商因为发行他的作品而赚了大钱，他心里很不服气，也想发这笔财，于是开办了一家出版公司。但出版公司很快陷入困境，最终以破产告终，作家本人也陷入了债务危机。

短暂的经商经历，使马克·吐温终于认清了自己毫无商业才能，遂绝了经商的念头，开始在全国巡回演说。风趣幽默、才思敏捷的马克·吐温完全没有了商场中的狼狈，重新找回了感觉。

择业者不是职业的奴隶，而是职业的主人。自己擅长和胜任的职业，是每个人创造社会财富、实现人生价值的重要条件。

（三）选择社会所需要的专业

求职者在职业选择中，考虑自身优势的同时，还要考虑到社会的现实需要，考虑特定的历史条件和时代要求，而不能一味企求“自我设计”。否则，只能招致“生不逢时”的挫折感和失意感。

社会需求是在不断变化的，旧的需求会不断消失，新的社会需求会不断产生。在选择职业时，不仅要了解当前的社会需求，而且要对今后的社会需求有所预测。改革开放初期，我国出现了全民经商的热潮，许多大学开办了经贸、营销、财会专业，很多学生纷纷报考这些专业。20 世纪 90 年代中期，这些专业的学生大量过剩。最近几年，计算机、电子通信、物流、保险精算又成了热门专业。大家如果一窝蜂在某一行业择业，势必会影响个人就业的成功率，也会给国家造成损失。

因此，在选择职业时，不能人云亦云。应当了解国际、国内经济发展的情况，从长远角度把握社会需求。

（四）选择自己所需要的专业

应该说，每一个人都希望所选择的职业能满足自己所有的需要，期望职业能给自己带来幸福。因此，择业时每个人都想让这种“预期收益”由低到高得到最大的满足。而衡量其满足程度的指标，不同的人有不同的偏好，有的注重经济收入，有的注重社会地位，有的注重个人能力的发挥，有的注重人际关系的氛围等。

然而，作为一个社会的人，不论自己是否意识到，实际上在个体通过职业劳动谋取个人福利的同时，每个人也都在为社会做着贡献，为人类创造物质财富和精神财富。而恰恰是在个体通过职业奋斗造福社会的时候，社会才赐给你由收入、地位、自我实现等制造而成的美丽的光环，人们才会有幸福感和满足感。

造福社会和自身发展实现完美结合，是择业的基本原则。

（五）选择最有发展前景的职业

职业随着科学技术、社会进步、需求结构和产业结构的变化而变化。旧的职业会逐渐丧失生命力，新的职业会表现出勃勃生机。许多有识之士在选择时，尤其注重对这一因素的考虑。

最有发展前景的职业，能给你提供广阔的发展空间，能给你提供众多的就业机会，能给你提供丰厚的薪酬回报，更能实现你人生的价值。

（六）选择专业对口的职业

专业对口是指：求职者已具有的专业知识技能、经验与所要从事的职业有直接的联系。

求职者所学专业的性质基本上决定了职业的性质。求职者的兴趣、爱好、特长、技能，绝大部分是通过教育培养而形成的。

选择专业对口的职业，可以有效地提高工作效率，发现自己的才华，实现事业的成功。也可以最大限度地提高整个社会的教育经济效益，减少教育资源的浪费。

三、了解不同行业的招聘要求

一个求职者要想找到满意的职业，应当及时了解自己所愿意从事职业的用人标准和要求。只有这样，求职者才能不断地强化自己在这方面的技能，从而在应聘时获得较大的成功率。

（一）企业的招聘要求

一般来说，企业按其性质不同可分为外资企业和国内企业两种类型。

大多外资企业的招聘要求是：企业十分注重应聘者的实际操作能力，因为企业的成败关键在于人才资源的高素质和人才作用的发挥。外企招聘人才的基本标准是：具有良好的道德品质，注重团队精神，有吃苦耐劳的实干精神，有创新精神，较高的外语水平。如摩托罗拉公司的用人标准就是：诚信，勤奋，富于创造性，有团队精神。

与外资企业不同，大多数国内企业云集了众多精英，其用人的基本标准是：良好的思想政治素质，具备强烈的事业心和责任感；一专多能，全面发展；良好的外语、计算机技能，英语至少过四级，计算机要过二级；良好的心理素质和较强的适应能力；较强的社会工作经验和交际能力。

（二）科研单位的招聘要求

1. 学习成绩拔尖，专业基础扎实。因为科研部门站在本学科的最尖端，需要探求许多未知领域。

2. 搞科学研究，外语是工具，因此需具有良好外语基础。

3. 善于收集和利用信息。

4. 具有较强的应用开发能力。许多科研单位，不仅要求求职者具有较强的科研能力，而且要求具有较强的科研转化能力。

5. 具有严谨的治学态度。做学问是件苦差事，任何投机取巧，妄想走捷径，弄虚作假都是不行的。

（三）设计部门的招聘要求

设计单位要求求职者能够灵活运用所学知识，针对实际情况做出设计。设计工作的要求是安全、实用、经济、美观。所以，不耐心细致，不注意小账细账，做事粗手大脚，或干脆坐不住的人，设计单位是不欢迎的。

要求求职者在通晓本专业知识的同时，还应该具有其他相关专业知识。设计单位是多人分工合作完成一项设计，如果不了解其他协作人员的某些专业要求，就不可能拿出最佳方案。设计单位最忌讳的一件事就是各专业互不通气，各自为政。

（四）政府机关公务员招聘要求

政府机关要求公务员候选人具有科学决策与有效执行能力，沟通协调能力，学习创新能力，收集、处理信息的能力和表达能力。随着改革开放的发展和科学技术的进步，一些机关还特别注意求职者的外语能力和专业技术能力。

国家机关除对求职者要求上述能力外，对求职者的思想政治素质和道德品质有较高要求，他们要求求职者勤政廉政，关心国家命运，对改革充满信心，文明礼貌，遵纪守法等。

（五）高校的招聘要求

1. 具有广博扎实的专业基础知识。

2. 品学兼优，性格较活泼，喜欢接触青年学生。

3. 具有较强口头表达能力与科研能力。

4. 善于接受新生事物，勇于进取，身心健康。

（六）报社、出版社的招聘要求

1. 具有较高政治热情，热爱新闻事业，有全心全意为人民服务的精神。

2. 具有较高的马列主义理论水平，能及时、全面、深刻地理解党的方针政策。

3. 具有较强的事业心和正直的品格，深入实际，实事求是，敢于坚持原则，敢于同不良倾向作斗争。

4. 不但有扎实的专业基础，而且有广博的知识，既是“专才”，又是“通才”。

5. 记忆力强，反应快，有强健的体魄，充沛的精力和吃苦耐劳的精神。

6. 善于跟各种人打交道，具有很强的活动能力。

7. 精通新闻写作，具有较强的文字和口头表达能力。

8. 善于捕捉新闻信息，有较强的新闻嗅觉和新闻敏感度。

9. 具有创新能力。

（七）财务部门的招聘要求

1. 熟练掌握所学的专业知识，熟悉与本职工作有关的政策、规章制度，还应掌握一定的法律、经济学以及营销学等方面知识。

2. 诚实可靠、保守机密、严守纪律、坚持原则。

3. 要当好领导的参谋。财务部门掌握着一个单位的经济命脉，财务人员的一个重要任务就是在经营决策的重要关口当好领导的参谋。

4. 有较强的社交能力。财务人员不仅要和本单位人员交往，而且要与银行、税务、客户进行广泛联系，因此要有较强的社交能力。

（八）涉外单位人员的招聘要求

1. 热爱祖国，自尊自信。在对外交往中，每个涉外工作人员都应时刻想到，自己的一言一行都关系到祖国的形象和声誉，要以自己的实际行为显示出中国人民的风貌。

2. 严守纪律，保守机密。涉外人员要有很强的组织纪律观念，对涉外问题要请示汇报，不可自行其是；不能利用职权做有损国格、人格，有损国家利益的事。

3. 精通业务，知识广博。涉外人员的业务素质不仅关系到涉外工作的效果，而且往往会影响到祖国的声誉和国家的利益。具体要求是：首先要有较高的外语水平，其次要熟练掌握所从事的政治、经济、文化等具体涉外工作的业务，要有广博的知识面，涉猎古今中外、政经文史。

4. 平等待人，不卑不亢。对于不同国家、民族、肤色、贫富与政治态度的外国人，要做到既不妄自菲薄，也不夜郎自大，平等待人，不卑不亢。

5. 热情服务，讲究礼貌，注意仪表。在对外交往中，要注意对外礼仪和社交礼节，熟悉并尊重各国人民的不同风俗习惯。衣着要整齐美观、朴素大方，给人以彬彬有礼、落落大方的良好印象。

四、利用各种渠道获取就业信息

（一）个人收集

个人收集是指求职者广泛收集自己专业和谋职范围内用人单位的信息资料并加以研究利用。个人收集是一种不通过任何中介的直接求职方法。

1. 上门收集。如果你对某单位感兴趣，就去找在这个单位工作或供职的亲友，向他们直接了解该企业的详细情况。如果没有这样的亲友，就查阅黄页电话号码簿，找出令你感兴趣的工作领域条目，然后抄录企业全称、地址、邮编、电话、负责人姓名等。最好亲自走访一下（当然对那些明确表示谢绝来电、来访的单位，就不必选用这种方法），这样可节省时间，又能尽快得到确切的信息，还能通过实地考察，对用人单位的地理环境等外部条件有清晰的认识，待决策时参考。

2. 利用报刊上的商品服务广告收集。这样可收集到一些用人单位的产品种类，大致销售范围等方面的信息。

3. 采取发函、电话咨询等方式收集。即用此方式询问用人单位人事部门有无近期招聘信息。

（二）学校毕业生就业指导机构

学校的毕业生就业指导机构专门从事毕业生就业工作，是毕业生获取求职信息的主要渠道。学校的毕业生就业办公室和毕业生就业指导中心，同上级主管部门和有关用人单位保持着广泛而密切的联系，而且经过多年的工作实践及常年合作联系，已形成网络或稳定的关系。在每年毕业生就业阶段，学校毕业生就业指导机构会有针对性并及时地向各个用人单位发布毕业生资源信息函，并以电话联系和参加各种信息交流活动等方式征集利用大量的需求信息。这是毕业生求职的最主要的信息源。

（三）传播媒体

许多用人单位通过新闻媒介，如广播、电视、报纸、杂志、电话等，介绍企业现状、发展前景及人才需求，从而成为一个巨大的信息源。特别是主管毕业生就业部门创办的《中国大学生就业》杂志以及各高校的就业专题报刊、杂志等，都在大学生求职择业的过程中发布大量用人单位需求信息和招聘信息。各地的人才市场报纸、各个城市的晚报等也都开辟了人才需求信息及招聘广告栏目。只要经常阅读，必会从中得到令你感兴趣的或有用的信息。

（四）各类就业市场

就业市场的信息量很大，只要你把握好机会，就能大有收获。

就业市场拥有大量的职业需求信息，这些信息主要包括：

1. 岗位空缺信息。
2. 职业供求分析以及预测信息。
3. 最新的劳动就业政策法规。
4. 职业培训信息。
5. 其他就业市场信息。

根据专家的忠告，求职者在就业市场求职时需要注意如下几个问题：

1. 进入人才市场，一定不能轻言放弃。

2. 在人才市场上，大多数用人单位只是为了收集材料，而实质性的会见要在以后发生。因此，你没有被用人单位当场录用是很正常的。

3. 要走访每一个与你专业相关的用人单位摊位，不应仅走访有名的大单位。因为小单位来访者少，可使你有机会面谈。

4. 要注意收集公司小册子和说明材料，并可随意同其他求职者交谈并交换看法。

5. 要与公司招聘接待人员约定下次见面时间。

6. 离开人才市场后要及时整理在人才市场收集来的求职信息，并将其中重要的加以标记和摘录。对约定的会见要准时赴约。对未约定单位要在他们不太忙的时候写一封跟踪信或打一个跟踪电话。

（五）社会关系网

在求职时，下列三种个人关系网络都能对你有所帮助。第一种是私人关系网络——家庭成员和朋友。他们是那些让你感觉良好和放松的人，他们爱你，希望你成功，他们提供的信息和精神鼓励能使你在求职时信心倍增。第二种是临时关系网络，这些人你见到的机会并不多，你们可能在参加社区公益活动时或者各种聚会中见面。他们也许与你有着相近的爱好。在求职时，你也可以找机会寻求他们的帮助，要求提供信息或者其他的便利。第三种是职业关系网络，这些人包括你的同事、老板和职业顾问等。他们在自己的行业都有一定的信息来源和影响力，你可以从他们那里得到有价值的帮助。

你可以用下面的方法从社会关系中获取求职信息：

1. “套近”关系。提一提你们最近在一起的美好回忆，或者提到某个你们都认识、最近都谈过话的人。

2. 对你的求职方向及考虑选择的公司，征求对方意见，询问对方能否瞧瞧你的个人简历是否写得合适。

3. 要重视对方给你提供的信息。

4. 每当你得到对方推荐，一定要问清楚你去该被推荐单位联系时是否可以提到推荐人的名字作为引见。回答大多是肯定的。

5. 如果你确实得到帮助，就要道谢。如果得到口头帮助，要书面道谢。感谢信中也可附一份个人简历（如果以前没有给过的话）。不管你联系的人是否帮助过你，你得到工作以后一定要让他们知道。

（六）互联网

网上求职的特点是信息流量大，更新快，用人单位和求职者交流便捷迅速。

利用互联网获取求职信息的方法：

1. 求职者可以利用有效时间多发电子邮件，给你所中意的单位多发几次，最好每封求职信都要针对不同的用人单位精心设计，以表明你对该公司的重视。不妨在求职信中简短评价公司及其顾客的状况，让对方觉得你能很快胜任新职位，而不是让人觉得你只是从招聘广告上才知道该公司的名字。赢得单位的好感，才会从众多的求职信中脱颖而出，为你提供工作机会。

2. 可以将你的简历放到各个就业网站的数据库里，让工作来找你。

3. 可以考虑制作一个个人主页，把你的网址告诉用人单位或让用人单位很容易注意到你，这将会有更好的效果。

五、认识你自己

曾经有人问过古希腊著名哲学家第欧根尼斯：一个人最难的事情是什么？他的回答是：了解自我。

很多公司的老总对求职人士的建议是：了解你自己。你要寻找的是最适合你的兴趣、优势和个性的职业。你可以问自己：你在生活中真正想得到的是什么？你期待如何实现自己的目标？你也可以问自己：我可以向别人奉献什么？

以面试为例，最大的潜规则就是：做你自己。这会让你获得自信，避免丧失自我所产生的尴尬。你应当彬彬有礼，干净整洁，具有职业风格，这些已经足够了。比如，如果你性格文静内向，不要为了给面试官留下好印象而假装是一个活泼外向的人。对大多数职业而言，外向的性格是一项优势，但对于个人而言，更重要的是展示自我最好的真实一面。

你可以初步通过回答下面几个问题来认识自己：

- 列出你喜欢自己的两个方面或者两件你干得好的事情。
- 列出你不喜欢自己的两个方面或者两件你干得不好的事情。
- 说出一件你最近干的使你对自己满意的事情。
- 说出一件你最近干的而使你懊悔的事情。
- 你希望别人用怎样的一句话来描述你？
- 哪个人对你的人生产生了最大的影响？为什么？

你也可以进一步从下面几个方面来认识你自己，了解自己的求职潜力：

(一) 认识你的个性特点

你的个性使你有别于他人。你的老板雇用你是因为他知道你是一个活生生的人而不是一个从流水线上组装出来的机器人。你的个性中的一些根本特点对他非常重要，这些特点正如你的外表一样，使你的老板知道别人会怎样和你交往以及你将怎样和别人交往。如果你的工作是直接和人打交道，那么这就非常重要。老板一般不大会雇用那些缺乏善意，态度生硬或者不可靠的人。老板们都想要自己的公司业务红红火火，尽可能少惹麻烦。他们都不愿整天和一个难以相处的人一起工作。

下面这项测试有助于你发现自己的个性特点。每个问题你可用“是”或者“否”来回答。

____1. 如果你承诺了一件事，你一定会尽力做到吗？

____2. 如果一位朋友或者同事，或者你的家庭成员需要帮助，你会乐意帮忙吗？

____3. 你乐于挖苦别人吗？

____4. 你倾向于在谈话中批驳别人来表现自己吗？

____5. 和陌生人相处你会感到不自在吗？

____6. 当你觉得别人犯错误时你会指责他们吗？

____7. 平时你能避免做出盛气凌人的样子吗？

____8. 你是否能避免背后取笑别人？

____9. 你经常性地嘲笑别人犯的错误吗？

____10. 当别人犯错时（比如念错字）你纠正他们吗？

____11. 你会自如地微笑吗？

____12. 你会自如地称赞或夸奖别人吗？

____13. 你经常试图改变别人吗？

____14. 你能独自承受个人的难题吗？

____15. 你会怀疑别人的动机吗？

____16. 你经常借别人的东西吗？

____17. 你喜欢散布流言蜚语吗？

____18. 大多数时候你都不会给别人惹麻烦吗？

____19. 大多数时候你能避免谈论你自己和你的成功之处吗？

____20. 你是否曾用藐视性的言辞来谈论那些和你在观念上不同的人？

如果大多数和你交往的人都喜欢你的话，你对于问题 1，2，7，8，11，12，14，18 和 19 的回答应当是“是”。而对于其余的问题你应当回答“否”。给你回答正确的答案每个打 5 分。如果你的总分低于 70，你需要努力改善个性。

（二）认识你的能力

每个职场中人都需要了解自己的能力，以利于在求职面试时扬长避短。

在以下三个领域你可以思考一下自己的能力：

- 智能：迅速思考的能力，逻辑思考能力，在书面、口头或艺术层面清晰表达思想的能力，宏观把握问题的能力，创造性思维能力。
- 培训/经验：正规教育和在职培训，奖励、证书和成就，做义工的经历。
- 个性/人际能力：解决冲突的能力，领导能力，团队精神以及热情。

你可以花时间来做一下下面这张量表。如果某一项问题不适合你，可以跳过。如果你认为自己具有其他的实力或技能，也可以把它们列在下边。

智能　　　　　　　　　　实例

1. 迅速思考的能力________________
2. 注重细节的能力________________
3. 宏观思考能力________________
4. 表达的最佳形式________________
5. 解决问题能力________________
6. 其他________________

培训/经验　　　　　　　　　　实例

1. 正规教育________________
2. 证书________________
3. 在职培训________________
4. 最擅长的职业技能________________
5. 荣誉________________
6. 做义工的经历________________

个性/人际能力　　　　　　　　　　实例

1. 显著个性特点________________

2. 领导能力________________________________

3. 解决冲突的能力____________________________

4. 团队协作能力______________________________

5. 管理能力________________________________

6. 其他___________________________________

（三）认识你的兴趣

下面是加拿大《职业分类词典》所罗列的职业兴趣类型与相关的职业。

兴趣类型1——愿与事物打交道

喜欢同事物打交道，而不喜欢与人打交道。相应的职业有：制图、勘测、工程技术、建筑、机器制造、出纳、会计等。

兴趣类型2——愿与人接触

这类人喜欢与人交往，对销售、采访、传递信息一类的活动感兴趣。相应的职业有记者、推销员、服务员、教师、行政管理人员、外交联络等。

兴趣类型3——愿干有规律的工作

这类人喜欢常规的、有规则的活动，习惯于在预先安排好的程序下工作。相应的职业有邮件分类、图书管理、档案管理、办公室工作、打字、统计等。

兴趣类型4——喜欢从事社会福利和助人工作

乐于帮助人，他们试图改善他人的状况，帮助他人排忧解难。相应的职业有律师、咨询人员、科技推广人员、医生、护士等。

兴趣类型5——愿做领导和组织工作

喜欢管一些事情，希望受到众人尊敬和获得声望，他们在企事业单位中起着重要作用。相应的职业是各级各类的领导管理者，如行政人员、企业管理干部、学校领导和辅导员等。

兴趣类型6——喜欢研究人的行为

对人的行为举止和心理状态感兴趣、喜欢谈论人的问题。相应的职业有心理学、政治学、人类学、人事管理、思想政治教育等研究工作以及教育、行为管理工作。

兴趣类型7——喜欢从事科技工作

对分析的、推理的、测试的活动感兴趣，长于理论分析，喜欢独立地解决问题，也喜欢通过实验得出新发现。相应的职业有生物、化学、工程学、物理学、地质学研究等。

兴趣类型8——喜欢抽象的和创造性的工作

相应的职业是科学研究工作和实验室工作。如社会调查、经济分析、各种科学研究工作、化验、新产品开发等。

兴趣类型9——喜欢操作机器的技术工作

对运用一定的技术、操作各种机械、制造新产品或完成其他任务感兴趣。相应的职业有飞行员、驾驶员、机械制造、建筑、石油、煤炭开采等。

兴趣类型10——喜欢具体的工作

希望能很快看到自己的劳动成果，愿从事制作能看得见、摸得着的产品的工作，并从完成的产品中得到满足。相应的职业有室内装饰、园林、美容、理发、手工制作、机械维修、厨师等。

(四) 认识你的气质

根据职业专家的研究，可以把职业气质分为以下十二类，每一种气质类型都有与之适应的一系列典型职业。

变化型：这类人在新的工作环境中感到愉快。他们喜欢工作类型经常有些变动，在有压力的情况下他们工作会卓有成效。他们追求的是多样化的工作，他们善于把注意力从此事转移到彼事上。典型的职业有记者、推销员、演员等。

服从型：这一类型的人不习惯独立做出决策，喜欢遵照别人的指示办事，乐于让他人对自己的工作负责，典型的职业有秘书、办公室职员、翻译人员等。

独立型：这类人喜欢计划自己的活动和指导他人的活动，从事类似的工作会感到愉快，喜欢对未来的事情做出决定。典型的职业有管理人员、律师、警察等。

协作型：这类人在与人协作工作时感到愉快，他们善于让别人按照他们的意愿来办事，他们想得到同事的喜欢。典型的职业有社会工作者、咨询人员等。

重复型：这类人习惯按照固定模式或他人安排好的计划、进度办事，适合重复的、有标准的工作。典型的职业有纺织工、印刷工、装配工、电影放映员等。

孤独型：这类人喜欢单独工作，不愿意别人打扰，不愿与人交往，习惯于安静的工作环境。较典型的职业有校对、排版、雕刻等。

劝服型：这类人喜欢设法使他人信服自己的观点，通常在谈话与写作中流露出劝服别人的倾向。他们对于他人的反应有较强的判断能力，而且善于影响他人的态度、观点和判断。典型的职业有政治辅导员、行政工作人员、作家、宣传员等。

经验决策型：这类人喜欢根据自己的经验做出判断。当别人犹豫不决时，他们能当机立断。他们喜欢处理那些直接经历或直觉到的事情，当必要时，他们用直接经验和直觉来解决问题。典型的职业有采购员、批发员、个体摊贩等。

机智型：这类人在紧张和危险的情况下能很好地执行任务。他们在危险的状况下能自我控制和镇定自如，在意外的情况下能工作得很出色。当事情有了差错时，他们也不会惊惶失措。典型的职业有驾驶员、飞行员、公安民警、救生员、潜水员等。

事实决策型：这类人喜欢根据事实来做出判断、决策。他们只有在有充分的证据时才做出结论，他们喜欢使用调查、测验、统计数据来说明问题，得出结论。典型的职业有化验员、自然科学研究者等。

自我表现型：这类人喜欢能展示自己爱好和个性的工作环境。

他们根据情感来做出选择，他们喜欢通过自己的工作来表达自己的理想。典型的职业有演员、诗人、音乐家、画家等。

严谨型：这类人注重细节的精确，习惯按一套规则和步骤办事，并将规则尽可能做得完美。典型的职业有会计、出纳、统计、档案管理等。

(五) 认识你的自信程度

通过下面这项测试可以判断你的自信程度如何。

____你被分派一项任务，这项任务涉及一个你不熟悉的领域。你会：

1. 委派别人去干
2. 让别人帮助你干
3. 细致研究整个流程，然后自己干
4. 不多想就投入工作中

____你在决策前征求别人的意见：

1. 总是如此
2. 有时候
3. 很少
4. 从不

____你向别人提供建议：

1. 从不
2. 很少
3. 很乐意，如果有人请求的话
4. 一直如此

____在业务会议上你会提出对于项目的看法：

1. 从不
2. 有时候
3. 常常

4. 总是如此

____在面见你的上司时，你会坦承你的某些主意来自他人而不是把它们据为己有：

1. 从不
2. 很少
3. 经常
4. 总是

____你的老板表达了一个和你笃信的东西相反的观点。你会：

1. 保持沉默
2. 会提出异议，但只当如此做不会危害你的工作时
3. 平静地解释你对这个问题的感受
4. 愤怒地说出你的观点

____如果公司里一个你喜欢的高层职位有空缺，你会：

1. 一直等待直到上司问你是否感兴趣
2. 向你的老板示意你对此有兴趣
3. 通过正规渠道来申请
4. 千方百计说服你的老板他应当推荐你填补空缺

____你感到你对工作不太胜任：

1. 总是如此
2. 经常如此
3. 很少
4. 从不

____你认为你在单位里应当担任领导：

1. 不
2. 可能
3. 是（也希望别人认可你的领导素质）
4. 完全应该

____你相信你比你的很多同事更聪明：

1. 从不

2. 有时候

3. 经常

4. 当然

____面对批评，你：

1. 感到懊恼，对批评者一言不发

2. 首先是愤怒然后试图分析这一批评

3. 和批评者讨论这件事，并试图解决它

4. 叫这个人滚开

____在聚会上，你向陌生人自我介绍并开始谈话：

1. 从不

2. 很少

3. 常常

4. 总是

____在公共汽车站或者电影院或者超市排队时：

1. 你会让其他人插到你前面

2. 你总是耐心等待

3. 你会催促前面的人

4. 你会抢到别人前面去

____当有人就某事夸奖你时：

1. 你感到难为情不知道说什么

2. 你会说，“喔，这算不了什么，真的。”

3. 你微笑着说，“谢谢。”

4. 你会说，“谢谢，”然后加一句，“是的，我知道很有才很了不起。”

现在把你填在每道题前面横线上的选项数字加起来。

如果你的得分是16到25，你的自信很不够。

如果你的得分是26到35，你的自信水平不低，但你可以努力提高你的自信。

如果你的得分是36到50. 你具有充分的自信心。

如果你的得分是51到60，你的信心过高，你应当改善一下你的傲慢态度。

六、写好简历和求职信

（一）简历的写法

一份简历，好比是产品的广告和说明书，既要在短短几页纸中把你的形象和其他竞争者区分开来，又要切实地把你对招聘单位的价值认识令人信服地表现出来。它可以被用作推销你自己的有力宣言。

个人简历的写法不必要千篇一律，都采用一样的格式。但不管如何布局安排，都要层次分明、简洁明了、突出重点。通常情况下，求职者多采用的是开始部分、中间部分和结尾部分的写作方式。

1. **中文简历示例**

律师简历模式

本人概况：

姓　　名：	性　　别：
民　　族：	政治面貌：
学历（学位）：	专　　业：
联系电话：	手　　机：

电子邮件：

联系地址：

邮　　编：

教育背景：

毕业院校：1992.9～1996.7毕业于××大学法律专业；

1996年通过国家律师资格考试；

1995年通过国家英语六级考试，听说读写熟练；

熟练掌握计算机和因特网的操作及使用。

工作经历：

1996. 9 ~ 1998. 9. ××大型国有股份制企业法务人员。

处理公司日常诉讼、非诉讼法律事务及知识产权事务；负责防范法律范围内的风险；与其他部门共同对员工进行防范各类风险的法律知识培训。

1998. 10 至今，××集团公司律师。

负责公司经营管理活动中的法律事务；起草、审核公司相关合同方面的法律文件；拟订公司法律规章制度和法制建设方案；参与处理公司内外经济纠纷和公司重大业务谈判等。

个人简介：

拥有专业知识和丰富的工作经验，了解各种法律文件；

熟悉各类公文、法律文本的书写技巧，具有较强的表达和沟通能力，具有较强的判断能力及逻辑分析能力，为人正直、遵纪守法，爱好广泛，乐于与人交往，具有较好的团队精神。

本人性格：开朗、谦虚、自律、自信。

我相信自己是此职位的合适人选！期盼与您的面谈 1

2. **英文简历示例**

RESUME

Name:	Sean Lee
Sex:	Male
Date of birth:	8/10/65
Place of birth:	Dongyang City, Zhejiang Province
Marital status:	Married, with a child aged 5
Nationality:	P. R. China
Present 0ccupation:	Teacher of English in Nanjing Institute of Meteorology
Position title:	Lecturer of English, Vice Dean of the Basic

Sciences Department

Contact address: P. O. Box 605, Nanjing Institute of Meteorology, 210044

Phone number: 025/7791336/6666 (Office) 025/7791336/8888 (Home)

Education: 87—89M. A. of Translatology, Foreign Languages Department of Nanjing Normal University, 83—87B. A. of English Literature and Language, Foreign Languages Department of Hunan Normal University, 78—83 No. 1 High School of Dongyang City Working 89—present Teacher of English in the Foreign Languages

Experience: Department of Nanjing Institute of Meteorology. The courses include Translation Theory and Practice, English Reading, Literature of English - speaking countries, English Writing and Spoken English. 93—present Member of the Editorial Committee of the Journal of Nanjing Institute of Meteorology March, 1994 Attended the Guangzhou International Trade Fair as a part - time interpreter and negotiator of a large company 90—present Worked several times as a part - time interpreter either for joint ventures or for foreign trade delegations

Honors: (Omitted) List of Publica - (Omitted)

References available upon request.

（二）求职信的写法

求职信实质上是一种推销自己的商业函件，它通常与简历等一块儿寄出。其主要目的是说服雇主或招聘单位雇用你或至少为你赢得面试的机会。

求职信的内容主要包括以下四方面：

一、说明本人基本情况和求职信息的来源。

二、说明应聘岗位和能胜任本岗位工作的各种能力。

三、介绍自己的潜力。

四、表示希望得到答复面试的机会。

1. 中文求职信示例

浙江高科集团公司总经理：

您好！

我叫李振军，男，23岁，中共党员，汉族。现就读于上海交通大学通讯专业，即将于2008年7月毕业，获学士学位。非常感谢您在百忙之中抽空阅读我的自荐材料。我希望在贵公司找一份工作。

贵公司实行“人才＋信誉”的经营方针，管理有方，选贤任能，办事效率高，工作氛围和谐，规章制度健全。无论是科研还是生产，都搞得有声有色，生气勃勃。今年上半年在贵公司实习期间，对此我深有感受。我想，在如此和谐、高效的环境里工作，不仅心情愉快，而且会早出成果。

我所修的专业是通信。目前，全部学业已出色完成，成绩优秀。附上一份本人简历和大学期间各科成绩一览表，供您参考。

在刻苦钻研专业知识的同时，英语方面我已具有较强的口头表达和文字翻译能力，计算机基础知识已具备，且领到国家等级证书。电脑方面的管理和维护，使我有了更多的实践经验。

我殷切希望，凭着自己的实际工作能力和务实进取的精神，在工作中施展自己的抱负。我坚信，您的知遇，将不断鞭策着我为贵单位的繁荣发展，也为自身价值的实现奉献我的青春！

恭候您百忙之中的回音

此致

敬礼！

李振军

2008 年 5 月 1 日

2. 英文求职信示例

788 North 32nd Street

Milwaukee, Wisconsin 53216

July 9, 2003

Mr. Frederick Brodheim

Director of Marketing

Deka Chemicals, Incorporated

5211 Checkmate Drive

Anchorage, Alaska 99504

Dear Mr. Brodheim:

The enclosed resume shows some of the reasons why I believe I am qualified to assume the position of assistant product manager, listed in the July issue of American Marketing magazine. Would you please consider me an applicant for that position?

As my resume shows, I received my B. A. in Marketing from Marquette University last month. For the past four years, I have worked for the Wisconsin Metals Company in Milwaukee, part – time while school was in session and full – time in summers. During these four years, I have performed various duties in the marketing department, including consumer research work for the product managers. In addition, my minor at Marquette was in chemistry, and I received A or B + grades in all my chemistry courses.

What my resume does not show is that I am an ambitious, hard-working person who enjoys the challenges of product development and marketing, challenges which I know Deka Chemicals has met so well for so many years. I would welcome the opportunity to discuss with you my qualifications for the position of assistant product manager for Deka. I understand from your ad that an interview can be arranged in the Milwaukee area in late July. Please write or call me to arrange an interview at your convenience. My telephone number is (414) 555 - 7875.

Yours very truly,

Alfred H. Yellen

Enclosure

第二章

QIUZHI MIANSHI JIQIAO

透视面试

今天的中国职业市场，竞争非常激烈，每个人都在为自己的事业和前途而奋斗。大家不但比身体与心理素质，更比知识与技能。而面试技能几乎是每个职场中人都应该掌握的关键技能。要轻松应对面试成功完成面试，第一步就必须深入全面地了解面试。

初次参加面试的人对于面试的了解往往不会很多，由于缺少身临其境的直接体验，他们就不会有充分的自信与娴熟的技巧。特别是对于一些初出茅庐的大学毕业生来说，经验的缺乏使他们一见到面试官就变得紧张，口齿笨拙。

针对人们畏惧面试的心理，笔者写作本书的最重要目的就是帮助你成为一个自信满满的面试高手。

面试是求职活动的最重要组成部分。如果你无法成功地通过面试获得录用，你的所有其他努力就会付之东流。在面试中如果你不能成功，你就会成为一个可悲的失败者。所以在面试之前你必须对自己的情况有一个全面而准确的把握。这就需要你细致分析你以前的成就，了解你目前的状况并展望你预期的岗位。你需要准备充足的时间来好好地调整你自己。

一、面试的特点

（一）面试以谈话和观察为主要手段

谈话是面试过程中一项非常重要的手段。在面试过程中，考官会向应试人提出各种问题，应试人要对这些问题进行回答。考官能否正确地把握提问技巧十分重要，不仅可以通过提问直接地、有针对性地了解应试人某一方面的情况或素质，而且他对于驾驭面试进程，营造良好的面试心理氛围，都有重要影响。

观察是面试过程中的另一个主要手段。在面试过程中，考官要善于运用自己的感官观察应试人的非言语行为。它要求考官能指明应试人的行为类型，进而推断其深层心理。对应试人非言语行为的观察，主要有面部表情的观察和身体语言的观察。

（二）面试是一个双向沟通的过程

面试是考官和应试人之间的一种沟通过程。考官可以通过面试来评价应试人，应试人也可以通过与考官的互动来判断考官的价值标准、态度偏好、对自己的满意度等，据此来调节自己的行为表现。所以，面试是主客体之间的一种沟通、情感交流和能力的较量。

（二）面试内容具有灵活性

面试是一种很灵活的测评方法，面试内容具有较大的变通性。一方面，由于不同的职位对人有不同的要求，面试可以根据不同职位的特点，灵活采用不同的方式去考察应试人；另一方面，尽管面试的问题可以是事先设计好的，但在实践中并不是对所有应试人都一定要按照同样的内容来进行面试，考官可以针对应试人的具体情况，根据所获得的信息是否充足来决定面试问题的多少以及面试时间的长短。

二、面试的目的

面试的目的包括两个方面：招聘单位的目的和作为应试人的你的目的。客观而言，面试的主要目的是要让招聘单位选择最适合从事所招聘岗位的人选。这个定义把视角从应试人转向了招聘单位。我们可以用拍照来打比方。如果你说面试的目的是为了获得工作，那么你应当就是拿相机的那个人，是你在决定取景、聚焦和按下快门。然而，如果你认为面试的目的是让招聘单位选择最佳员工，那么你的观点就是招聘方在控制相机按快门。当然，就面试的情况而言，你作为应试人是聚焦的对象，你在面试期间的所作所为提供了实际图景供招聘单位选用。

要获得面试的成功，你需要在内心深处深刻理解：邀请你参加面试的是招聘单位，主导面试类型的是招聘单位，选择面试官对你进行面试的是招聘单位，而且确定录用标准的也是招聘单位。总而言之，掌握面试活动全局的是招聘单位。而在整个面试过程中，你作为应试人是活动的主角。

谈到面试的第二个目的，就是你作为应试人要获得一份工作。这个目的很美好，但它并不完整。从你的观点来讲，面试的整个目的就是让你得到你想要的工作。这就意味着你需要在参加面试时深入了解你在工作岗位上的需求并懂得如何来获得关于工作岗位所伴随的责任和福利的信息。你也应当知道收集信息的方式与时机，这可以大大增加你通过面试获得录用的概率。

综上所述，面试的目的就包括了两部分：第一，让招聘单位选择最佳候选人；第二，让应试人获得称心如意的工作。

三、面试的功能

在面对面的面试交流过程中，你会给面试官留下极为深刻的印象。你应抓住所有的机会，作出最好的表现。你应让你未来的老板相信你会成为一个有价值的员工。你给面试官所留下的印象或许会成为你求职过程中最重要的一个部分。

第一印象重要不重要？这毫无疑问。有专家曾经表示，是否录用一个候选人的决定在面试的头五分钟就作出了。这有一定的道理，但你不应该把所有的宝都押在第一印象上。面试全程中所涉及的人际因素非常重要。每个面试成功者都可能有各自不同的风格，你也应当选择自己的最佳风格。

有一点非常重要，就是你不要试图改变自己。你要做真实的自己，机智灵活地与面试官的风格进行互动。不要顶撞面试官。你应专注于他们所提出的问题，确保你的回答能使你获得最大收益。并不是所有的面试官都很内行，所以你应在面试结束前抓住机会充分展示你的所有经验与资质。尽管你的简历中列出了你的资质，但你在面试中的实际表现会进一步展示和提升你的实力。你应实事求是，不要信口开河，过度吹嘘你的实力。

面试使你充分理解工作岗位的所有构成要素。它也有助于你判定你是否真的想要这份工作。它也使面试官了解你是否对工作岗位感兴趣，并且间接地提供了其他相关信息。你应记住，你去参加面试是为了进一步了解招聘岗位，同时也帮助面试官知道你是该岗位的不二人选。你也应懂得面试是求职过程中最具有决定性的一个阶段。你应对面试过程有一个清晰的理解，它使你能作为一个平等的参与者参加到一个双向、互动的活动中，而不是只作为一个被动的应对者。毕竟，面试的双方对各自都应有所启发。

四、面试的价值

要获得面试的成功就必须首先满足三个根本条件。首先，你必须了解你自己，对自己的所有情况有一个充分的把握。其次，你必须深入了解你的潜在雇主与预期岗位。最后，你必须了解你的竞争对手以及你在竞争中的处境。切不可自视过高。你要对可能会有人超过你保持足够清醒的认识。这会使你更加努力拼搏。

要获得面试的成功还必须有积极的心态。如果你是一个大学毕业生，你应当明白，为了到某个招聘单位工作，你已经上了16年学，做了16年的准备。你和你的家庭为了你的学业已经投入了大量的本钱。你愿意为了单位和你的共同利益奉献出自己的青春岁月。这种奉献可不能小看！而招聘单位必须招募员工来维持它的正常运作。你们双方都需要彼此。你应当意气风发，充满自信，而且充分展现你的实力。千万不要小看自己。在你的职业生涯规划中，你应该根据你所掌握的技能，你的兴趣，你的经济需要，以及你的个性来决定你将来的职业。不要随波逐流，也不要消磨时光，要牢牢把握你人生的方向。首先，你可以罗列在当前或者以前的工作中所取得的成就。其次，列出你生活中那些重要的因素，包括职业目标，工资需求，人际关系等。再次，分析你的人际技能，缺陷和实力。

另外，参加一些自我导向的职业评估会使你对自己有更加清醒的认识。比如，你可以思考以下这些问题：

- 回顾一下你的求学全过程，审视你所上过的课程，你看过的书，以及你写过的论文。
- 罗列你的工作经历：兼职，全职，临时的和义务的。
- 写出你的业余兴趣与嗜好。
- 你的长期目标和理想有哪些？
- 你喜欢在室内还是室外工作？
- 金钱对你有多重要？

在思考这些问题时，你可能会产生很多自己的想法。不要笼统地来加以回答，如“我想要成功”“我想挣钱”“我喜欢别人”。成功通常在你选择并从事某份职业数年之后才会到来。你应永远脚踏实地，而不应夸夸其谈。

要获得面试的成功，你还必须对国内的职业市场有一个清醒的认识，通过各种渠道及时了解各专业大学生的需求状况，以便及时作出现实的回应。近几年，职业市场仍然竞争激烈，但全国整体失业率有所改善。尽管大多数的大学毕业生都能找到工作，但要找到一份合适的、称心如意的工作并非易事。由于求职者所学专业，工作经历等的不同，他们的工资水平差异也较大。

目前，发展势头强劲的就业领域包括计算机相关岗位，工程领域，销售和营销，财经会计，环境领域，以及健康保健领域等，具体如下：

- 计算机系统相关职业包括局域网职位，管理信息系统，信息分析员，个人电脑编程，计算机信息系统专家等。

- 工程领域包括电子，化学，电机，土木工程，建筑，机械，软件，制造，工业设计，环境，工程技术等。
- 财经会计包括金融分析，业务管理，物流管理，以及人力资源管理等。
- 销售和营销包括零售管理，技术销售，远程营销等。
- 医药和健康保健领域包括护士，医师助理，理疗师，康复专家，生物技术专家，食品科学家等。
- 环境领域包括废弃物管理，环境管理，废物处理系统专家等。

面试可以决定或者改变一个人的人生，可以影响生活质量，可以使你成为一个白领或者金领，可以使你实现所有的梦想和价值，也可以使你受到别人的尊重。但只要你在自己心里大写了成功两个字，在头脑里点燃了希望的灯塔，你就不应该太自卑或者太紧张。面试就是双向的交流，你和面试官是平等的。你不必背上自我保护的躯壳，也不必低三下四地去讨好他们。你就是你，你要做你自己，你是你而不是别人。

每个参加面试的人都是一个充满理想的人，你应自信，但你也不要翘起尾巴做人。你不要指望一进单位就做管理岗位，而越来越多的老板希望你有更强的外语能力，计算机能力。同时，快速发展变化的现代生活需要你具备更强的适应能力。说不定某一天单位重组，裁员的噩梦就会降临到你头上，所以你有必要为有朝一日更换工作岗位做好准备。

要做一个明明白白的应试人，你应当懂得：

1. 通过面试，招聘单位需要填补职位空缺来使自己正常运作。招聘单位已经花费了很大的精力来招募所需要的员工，而这也符合该单位的利益。如果招聘单位招不到好员工它就会受到损失。所以，你必须明白，如果给你机会，你就能帮助未来的老板。

2. 为了获得录用，你已经作出了巨大的投资。比如，你已经上了至少 16 年学来完成教育，希望成为一个有潜力的员工。你所上过的那些专业课程使你对未来雇主具有潜在价值。而你在金钱上也花了不少。此时，你已做好准备，把你所有的教育成果、经验和技能都投入到工作岗位中去。所以，一旦你被录用，用人单位会为你的福祉作出巨大的贡献，同时，你也会为单位的成功作出贡献。

3. 你应明白一旦你成为招聘岗位的理想候选人，面试官就会尽力使这一岗位显得极富吸引力。同时，你应当确保在面试中展示所有的优点和长处，这样，招聘方就会对你作出有利的评价。你也应尽量收集招聘方的所有信息以使你的资质符合招聘方的需要并且在获得录用时作出明智的决定。

4. 最重要的是，在你去参加面试时心态要积极。

五、面试双方的侧重点

面试官往往期待应试人无论在外表还是行为上都表现出他的最好一面。应试人应对招聘单位进行初步研究，并能就应聘岗位所涉及的自己的技能和目标进行问答。

面试官在面试过程中的侧重点包括以下几个方面：

第一，面试官将观察应试人所具备的和应聘岗位相关的专长、知识和技能。在应试人的简历上总是明白地列出了本人的教育背景和以前的工作经历，所以应试人应该已经达到了招聘岗位的基本要求，否则就不会被邀请参加面试。但是现在面试官想要了解的细节不仅包括应试人所获得的学位，干过的工作和履行过的职责，更包括你能为新公司做什么。

第二，面试官有兴趣了解应试人的主动性。专长是一个重要的考虑方面，但你的干劲和活力使你异于别人，并使你在招聘过程中获得优势。招聘单位想要了解你的发展潜力。你能主动地学习新的技能并干好新工作吗？

第三，应试人的人际技能也受到关注。能干好工作但无法融入工作环境的人不是有价值的员工。和同事相处的能力并不总是很容易识别，但面试官会尽力评估。你能接受上级的管理吗？你能听从命令吗？如果你应聘后逐渐在工作岗位上成为一名领导，你的领导才能也很重要。

第四，对于很多岗位而言，应试人的决策能力和解决问题的能力将非常重要。如果你在工作中遇到不同寻常的事情，你将怎样处理？你能否区分两种不同的形势，在一种形势下需要进行创新，而在另一种形势下必须遵守既定的程序？你能否迅速地应付状况，即分析问题的本质并快速采取合适的行动？

第五，面试官将会评估你对这项工作和这家公司的真正兴趣。你是真的想要这个工作吗？你会做一个敬业忠诚的员工吗？或者你只是把这份工作看成一块跳板？

第六，面试官也很关注你的个性或者受欢迎程度。他们爱和他们喜欢的人一起工作。能和别人合得来的人往往被人喜欢。你会如何来应对面试官呢？你能很好地倾听，给出积极的口头和行为反馈，具备赏心悦目的姿态并展现幽默感和得体的笑容吗？或者你表现得消极，烦人，毫无热情？老板们喜欢充满活力的个性，因为这样的人会把活力投入工作中。

应试人也有和面试情境相关的具体侧重点。你的主要侧重点是获得关于工作、老板以及招聘单位的信息，同时展现你的技能、知识和能力并思考如何满足招聘单位的需要。你要给面试官留下深刻印象来获得这份工作。你应当期待面试官在决定面试结构时扮演主导角色，但你也需要对你的行为进行适当的结构化，使它能积极影响面试情境和最终结果。

六、面试官应具备的基本素质

(一) 良好的个人品格和修养

考官必须给人以正直、公正和良好修养的感觉，使每位应试人在与他们的接触中感受到彼此的价值。

（二）具备相关的专业知识

在面试过程中会或多或少遇到专业知识问题。有时，专业知识的提问被看作是一种面试技巧，因此需要具备这方面知识。

（三）丰富的社会工作经验

面试评价总体来说是一个非量化评价过程，它的完成和质量在很大程度上依赖面试考官所具有的丰富的工作经验，借助于工作经验的直觉判断往往能够准确地把握应试人的特征。

（四）良好的自我认识能力

心理学研究表明：人们总是习惯以自我为标准去评价人。作为考官，如果不能够对自我有一个健全、准确的认识，就无法去准确地评价他人。

（五）关于把握人际关系

面试的过程就是人际交往过程。在与应试人的交流中，应该善于利用有关人际关系的知识和自身对人际关系的敏锐感知力去判断应试人处理人际关系的能力。

（六）熟练运用各种面试技巧

面试是一种技巧性很强的工作，要求考官必须熟练掌握各种面试技巧，达到运用技巧准确、简捷地对应试人作出判断评价的目的。

（七）能有效应对各类应试人，控制面试的进程

有时，面试对象是一些很难控制的人，他们的行为可能会干扰面试的正常进行。因此，要求考官应熟练具备驾驭人的能力，使面试进程和目的免受破坏。

（八）能公正、客观地评价应试人

人员选聘是为单位挑选所需要的人才，所以不可因个人的好恶或应试人的外表、习惯、家庭背景等非评价因素影响评价的结果。考官能否做到公正、客观将决定面试的效果和可信度。

（九）掌握相关的人员测评技术

面试过程中会自然地利用某些人员测评的手段和方法去评价应试人，因此，掌握此类技术是提高面试能力和技巧的途径。

（十）了解单位善及职位要求

对招聘单位和职位进行较为深入、全面的了解有助于提高面试工作的质量，同时，可以帮助选拔出真正需要的人才。

七、面试的分类

大多数应试人不太了解不同类型的面试或面试可能会采取的不同的场景和形式。本章内容将有助于应试人初步了解你可能会面对的各种不同类型的面试。

求职者需要了解两种基本类型的面试：信息性面试和招募面试。

信息性面试存在于你利用人际网络的求职过程。你应当咨询所关注领域的人士，向业内人士打听职场信息。一旦你搞清楚哪些业内人士掌握有用信息，你就要联系他们并安排好信息性面试。顾名思义，你不是通过这些人来求职——而只是获得日后有助于你求职的信息和建议。

（一）信息性面试

在信息性面试中你的目标是进行提问，内容包括：意向职业的就业机会；升职的可能性；在该职业内将会影响雇用需求、特殊技能、职称以及资质证明的正在发生的变化；该职业内员工面临的特殊问题；该职业在你居住地区的工资水平。你也可以询问你所在区域相关公司的情况。你的目标是从职场中人打听尽可能多的关于你的意向职业和相关公司的情况。

信息性面试和招募面试的不同之处在于，在前者中求职者扮演面试官的角色。

信息性面试使你日后求职被拒的可能性大为减少，同时迅速开启了通往招聘单位的大门。如果你想参加招募面试，你首先应当了解信息性面试，并懂得如何着手进行并使它产生最大效果。

在你想去的单位你应该联系谁来进行信息性面试呢？你应当联系那些大忙人，那些掌握招聘权的人以及对单位情况一清二楚的人。你可以去打听人事部门的工作人员。你也可以去打听单位里运营部门的领导，不过这些人你不太容易接触到。有些高层管理人员表面上很有权而且见多识广，但他们可能缺少对于日常人事变动信息的掌握或者他们在招聘过程中的影响力极为有限。所以到底该联系谁得由你自己来判断做决定。

因此，你应当和不同类型的人打交道。你要瞄准大忙人，实权派和消息灵通人士，不过也不要太理想化。你所接触的秘书或者前台接待也会把你引见给其他人。从实际的角度来看，你要尽可能约谈所有可能的人士。有时候不太有权的人也会很有用。比如一个秘书或者前台接待小姐所透露的关于他们老板或者单位情况的信息会使你获益良多。

你要以真诚的态度和别人接触，很多人会愿意见你。但也可能有些人很忙，没有时间见你。如果你打电话给某位人士要求进行面谈咨询而他回绝你的话，你就明白说出你的目的并且强调你找他不是为了向他要工作——仅仅是咨询信息和征求建议。如果这位人士还是坚持回绝你，你就要使出最后的一招：在电话上直接进行信息性面试。

你应当把每一次信息性面试都当成是一次重要的预备面试。从中你要充分传达出你的素质：聪明，能干，诚实而且讨人喜欢。这些素质也是你在随后的正式招募面试中所应当清楚表现出来的。

（二）招募面试

招募面试有好几种形式。如果你在求职时参加了很多面试，你很可能会遇到不止一种面试形式。招募面试主要可以分为两大类——筛选面试和聘用面试。

1. 筛选面试

筛选面试可以通过打电话进行，也可能以面试官与应试人面对面的形式出现。面对面的筛选面试通常不在招募者的办公室进行。如果在大学里进行招聘，校园面试通常在学生就业指导部门安排的地点进行或者就在校园人才市场举行。筛选面试也是很多潜在雇主参加的人才交流大会的一系列活动的一部分。

大多数面对面筛选面试也以一对一的形式出现——一位候选人与一位招募主考面谈。不过，有些招聘单位的某些岗位由于申请人数过多（比如航空公司招募空乘人员），它们就会一次同时面试20~30人。在这种情况下，招聘单位就会比安排一对一面试节省很多时间。

那些通过集体筛选面试留下来的候选人被安排参加随后的个人聘用面试。

筛选面试，顾名思义，使招聘单位有机会作出初步决定，即是否进一步面试一位候选人。这有助于他们把候选人的范围缩小到一个更可操作的数字，并进行下一步的面对面正式面试。换句话说，候选人通过筛选被留下或淘汰。很少有人在筛选面试之后马上就被聘用。

电话筛选面试是最不为人们所知的面试形式之一。由于很多候选人未做准备或者不理解这种面试的目的，他们就表现不佳。如今很多招聘单位采用电话面试。在筛选数量庞大的候选人这一点上，电话面试比直接面谈更省时更经济。比如，一次电话面试花 5 ~ 10 分钟就够了，而一次办公室面试则要花一个小时或更多。如果候选人身处外地，电话面试比起直接面谈的经济性就尤为明显，因为这可以省下一大笔旅费开支。

由于面试成本增加，招聘单位会越来越频繁地进行电话筛选面试，所以在你接到电话时有所准备总是好的。

如果你第一次接到招聘单位的电话，你就假定这是决定你以后进一步面试机会的电话筛选面试。你要以最认真的态度对待它。你的言谈和表达方式可能会决定你是否获准进入下一轮的聘用面试。

所以，如果你想顺利地通过不期而至的电话筛选面试，你就应当明智地在你的电话机旁留出一块地方，放上一切必备物品。比如，你可以放一叠纸，一支笔，一份简历，一本日历（里面写上要达成的目标）。你也可以放一份你在求职过程中所联系过的招聘单位的清单，或者放一份你向其投递过简历的人士的名单，也可以准备一个文件夹或笔记本，里面放入你所有求职联系的资料。不过，如果你在工作时或开车时或开会时接到一个手机电话，这就不利于你应对这个筛选面试。怎么办呢？你可以告诉他们你回头再回他们电话。比如你可以说："我正在开会。过半个小时我打给你好吗？"这样你就有机会有所准备。

在任何你有可能接到招聘单位电话的地点你都应放置要为电话面试而准备的必要物品。如果你在简历或者求职信上列出了家庭电话号码和单位电话号码，你在这两个地方都可能接到面试电话。如果你目前的老板不知道你在求职，你就应当把电话面试的准备材料放进公文包里，以备万一在工作时接到电话。如果你在办公室里没有私人空间来接面试电话，你就应告知招聘者不要打电话到你现在的单位。如果你在开会，你就告诉他你会在他合适的时间回电话。这样你就有时间整理思路，找一个私人空间来应付电话筛选面试。

在电话筛选面试中，面试官寻找理由来淘汰一些人。例如，他可能会就你简历中涉及工作经历的某些方面要求你加以说明，也可能询问你能否马上工作以及你的期望工资：

你说你有“在长荣公司处理质量控制所有方面的六年累积经验”，就你管理过的员工数量而言，这有什么含义呢？你以前的工作职责是如何增加的？

再过三个星期你可以开始上班了吗？

你期望的薪水是多少？

类似第一个的事实性问题，应以具体的事实作答，同时给出相关的积极评价。例如，可结合具体的工作环境来谈你的管理技能：

我管理六个人。我们把产品质量提高了50%，从而使客户投诉减少了25%。

在能否马上上班的问题上，你应作出自己的判断。如果你要离职，你应提前一段时间通知你现在的老板。如果你要到异地工作，你就需要更多的时间。对于这类问题，一般你应回答“是”，当然你要安排好你现在和将来的工作。如果你回答“否”，你就会给面试官留下负面印象，从而导致你被淘汰。

回答期望工资的法则是把这个问题保留到面试的最后来谈，直到你了解了这个岗位的具体要求并展示了你的自身价值之后。你需要进一步了解这个岗位。如果面试官坚持要你回答，你就把问题抛过去反问他“目前这个岗位对于类似我这种资质的人可以提供多少范围的工资?”如果他还是坚持要你给出一个数字，你就在行业平均水平的基础上结合你自己的期望值给出一个工资范围。比如，你可以说“我期望的年薪范围是43000到50000元”。回答薪水问题不应主观武断，你应在研究相关行业的基础上收集信息作出判断。

就候选人而言，主持筛选面试的考官都有一个消极的目标。面试官想要淘汰尽可能多的候选人，从而使参加随后聘用面试的候选人的数量更加可操作。另外，作为候选人你的目标是要被选人最后的面试范围。所以你在筛选面试中的表现非常重要。

电话筛选面试主要是口头的交流，但它也包含了很多非言语要素。你应做到说话清晰，条理通顺，避免停顿。你应表现得果断积极，打电话时声音要充满热情和活力。如果你打电话时音调过高，就稍微降低一点。你的声音应使面试官对你感兴趣，他才会想随后当面见你。无论你对他的问题回答得有多精彩，你的简历看起来多么优秀，如果你说话条理不清，如果你缺乏果断和热情，如果你嗓音过于高亢尖刺，考官都可能把你淘汰。

2. 电子筛选面试

筛选求职者的一种相对较新的方法是在他们面见考官前使用电脑题库来对其考核。求职者被要求坐在电脑终端前回答一系列的问题，然后被自动记分。这种面试方法目前主要用于一些大型公司的招聘，范围还相当有限。如果你对这种面试方法有一些了解，你就会在面临这种情境时有更好的表现。

使用这种方法的招聘单位认为电子筛选有几大优势。首先，电脑设备以同样的方式向所有的应试人展示完全一样的问题并对回答进行判分，如此就在一定程度上排除了考官的主观性。第二，电脑能快速判分。在考试中某些问题被故意设计成重复，如果应试人没有诚实回答而使答案出现偏差，电脑记分系统就会识别出不一致之处，并把信息提交给主持下一轮面试的考官。有些电脑记分程序经过特殊设计，会标记出回答的不一致之处以及回答的速度。换句话说，如果你回答某些问题的时间比正常回答大部分问题的时间显著要长，你过长思考的问题将被标记出来。你在电脑终端的测试结束后面见的考官毫无疑问会关注你回答不连贯之处或者思考过长之处。考官会认为你具有某种问题或者想隐藏什么。

尽管一些领导潮流的大公司认为电子筛选面试是一种先进的面试方法，但由于昂贵的成本等因素，它在一定时期内不会被广泛推广。

3. 聘用面试

如果有朝一日你通过了筛选面试，你就进入了核心面试阶段。聘用面试有五种基本形式：一对一面试，系列面试，连串面试，小组面试，团体面试。一般面试都可以归人其中的某一类，或者是某几类的组合。

一对一面试

大多数应试人碰到的是一对一面试。候选人和招聘主管通常在后者的办公室见面，一起坐下来谈论工作岗位以及候选人与岗位相关的技能，知识和能力。通常在面试接近尾声时双方讨论工资需求和其他福利。

一般情况下，筛选面试通常由人事部门主持，而低中级岗位的聘用权在部门经理，高级岗位的聘用权在管理高层。如果聘用面试由聘用岗位所在部门的人士主持，你应期待主试人会问很多工作内容相关的细节问题。如果主试人来自人事部门，他们的问题会宽泛得多。

系列面试

对很多入门层级以上的岗位，会进行不止一次面试。系列面试就是进行一系列的面试，在其中的每一次面试之后决定留下或淘汰某些候选人。被留下的候选人有资格参加其余面试。

尽管系列面试中的每一次面试往往是一对一面试，在任何一次面试中你都有可能碰到不止一位面试官在场。你可能在每次面试都碰到同一个考官，但在更多情况下你会在不同面试中碰到新面孔。

在举行系列面试时，工资和福利之类与招聘岗位相关的问题不应在初次面试时就讨论。这些问题应该在接近尾声时再提出——即当候选人的数量被减少到一定程度而招聘单位已对少数几位候选人进行严肃考虑之时。这样做对你是有利的，因为通过每一次面试你应有机会对应聘岗位了解更多，你也会在随后的面试中问一些你在初次面试中想问而忘记的问题。你也有更多机会来展示你的资质并使考官相信你是这项工作的合适人选。

连串面试

连串面试也包括不止一次面试，一场接着一场。连串面试的特点是面试时间表排定后每个应试人连续参加每场面试，而留谁不留谁的决定一直要到所有场次的面试都完成后才会做出。通常每场面试的参加者都不尽相同，而所有面试要在一两天之内完成。在面试全部结束后，考官们就集中起来，比较面试记录，集体作出聘用决定。

小组面试

小组面试很少举行，但你可能会碰上。顾名思义，小组面试就是好几名考官同时对你进行面试。小组面试在本质上要比大多数其他类型的面试更有压力。在最好的情况下，你同时面对好几名考官，一边回答一名考官的问题，一边要考虑让其他考官也满意。在最坏的情况下，你可能会遭遇高压锅似的气氛，要应对考官们连珠炮似的提问，其中不乏充满敌意的问题。

团体面试

团体面试是普通面试中最少采用的一种类型。如果你发现你和其他几位候选人一起被面试，你就是在参加团体面试。面试官使用团体情境来获得不容易在一对一面试中获知的信息。

在团体面试中考官会观察候选人的人际技能。一位候选人与其他候选人互动的能力也显示出他将和他未来的同事相处的能力。

考官会向全体候选人问一个问题或者提出一个难题要求解决。如果一位候选人在团体情境中展示出积极的领导才能或者合作精神，考官会认为此人在职场也会做出类似表现。考官会关注应试人各项积极的技能：引领同伴进行探讨的能力，倾听别人观点的能力，问问题的能力，在必要时进行协调的能力，概括各种观点的能力，以及使团队专注于手头任务并达到目标的能力。

4. 灵活应对面试地点

面试可以在几乎任何地点举行。电话筛选面试最有可能在你家里或办公室举行。无论在家里还是在办公室你都要确保面试的准备材料有序摆放。如果你在工作时面试电话来了，应让考官稍等片刻以便关门。然后把你的面试准备材料从公文包里拿出来。然后深吸一口气来平静情绪，再拿起电话听筒答题。

面谈式的筛选面试往往在旅馆，会议中心或者大学校园举行。招募面试通常在招聘单位的办公室举行，也可能在其他地点举行。还有一部分面试可能在餐馆，老板家里，甚至在机场候机室举行。

在餐馆进行的面试对很多应试人最具威胁性。在老板家举行的晚宴也是如此。一个潜在的问题是很多应试人在先前较为正式场合的面试中表现出自身最好的行为，而在随后的午餐或晚餐环节错误地认为面试已经结束而表现得忘乎所以！

只要你和潜在的老板或他的代表呆在一块，面试就在继续。面试的场合会改变；参加者会从谈论工作话题转向谈论更具社交性的话题；但作为应试人的你仍然还在舞台上，继续被人评判。此刻你不能放松警惕，不能忘记你的目的。你要继续深思熟虑地来回答问题，继续以一种令人放心的姿态来深入了解你可能会就职的公司。即使几天的来回奔波和几场系列面试的压力使你疲倦，你仍应对公司保持鲜活的兴趣和热情。

你也要考虑到如果你在餐馆里会点什么菜以及如果你在别人家吃饭你会吃什么。点菜时要选择那些容易吃的东西。你应当全神贯注于你的就餐同伴，要有节制有风度，而不是费劲地用餐，对同伴心不在焉。

如果在别人家里吃饭，你不会有太多的选择。如果主人的菜肴都不太容易吃的话，至少别人碰到的困难和你是一样的。不过你仍然有回旋的余地。如果你不爱吃或者你认为难吃的食物你就少吃点。你可能会发现你的胃口不那么好，可能不会吃得太多。但你还是要吃得足够多，一方面显示礼貌，另一方面不至于挨饿，同时时刻关注你去那里的真正目的——推销自己，评估你希望获得的职位。

在就餐时是否喝酒精饮料一直是一个问题。应试人往往要自问，“我喝还是不喝?”最佳规则是在午餐时完全避免喝任何酒精饮料，因为下午你还需要保持清醒的头脑以应付新的面试。你也不要给考官留下你每天中午都要喝酒的坏印象。

如果你参加的是晚宴或鸡尾酒会，你可以对这条规则做些变通。如果你不会喝酒，就干脆不喝，不需要做任何解释。如果你会喝酒，希望和别人喝一杯，那么一杯通常是可以接受的。不管别人喝多少，你晚上再不要多喝了。如果你是位女士，你应选择喝白葡萄酒。

（三）压力面试

尽管对求职者来说，大多数的面试都有压力，但很少有考官会让候选人参加一次真正的压力面试。你也有可能遇到一次压力面试，所以你应当对此有所了解，有所准备，即使参加了也保持镇定。

压力面试可以有一位或者多位考官参加，他们对应试人提出一系列的压力问题。考官的语气可能颇具威胁性，而他们连珠炮似的发问可能听起来像质问。

压力面试的目的是观察应试人在压力环境下如何应对。对于那些需要应付岗位压力的工作，一些招聘单位就使用这种方法来考察候选人。例如，北京某重点大学的保卫处长指出，他常常让岗位应聘人参加压力面试。他会对他们冷酷无情，目的就是让某位候选人——无论是男是女——掉眼泪。如果他的目的达到了，某位候选人就被淘汰。他想要招聘那些具有良好自制力并能应付压力环境的人。他认为通过压力面试可以对候选人的耐压素质看出端倪。

尽管成功就业并不一定需要通过压力面试，但招聘单位还是想要那些能在充满压力的环境中工作的员工。

如果你碰到了一次压力面试，你就要拿定主意把握它通过它。你要保持冷静；深呼吸，别让考官吓倒你；保持自制；回答问题要完整而简明扼要。

（四）行为面试

应聘人总是认为自己的未来在很大程度上取决于招募面试的结果。其实不但你有焦虑情绪，面试官也有焦虑情绪。

面试官知道你作为候选人会尽力在面试中给人留下好印象。他知道你会尽力展示自己最积极的一面。他估计你看过面试指导书而且你已经思考过如何回答特定问题，所以他就有些担心。他担心你准备十足来糊弄他——让他相信你适合这项工作，而事实上你并不适合。他担心你的面试技能很强而实际工作技能很弱，结果他就招错了人！

招聘单位知道现在的求职者比过去更加熟悉面试流程，他们就想要用更好的方式来选出最适合工作岗位的候选人而不是最佳面试人！现在考官们更多采用的方法是问行为问题。可供询问的行为问题有三种类型：自我评价问题，情境问题，假设情境问题。

自我评价问题让你思考和报告自己的行为而非技能。例如，面试官会问："在什么情况下你会非常忘我投入地干工作？"如果你在说明你如何应付一个恼人的客户，考官就会问，"如果你现在再碰到同样的情况，你会如何应付那位客户？"或者"如果你有权利选择到我们的营销部门或者公关部门工作，你会选择哪一个？"在你回答之后，你可能会被问到下一个问题"你为什么做那种选择？"

情境问题像自我评价问题一样，通过关注应试人的过往经验来揭示他的未来行为。考官可能会问："告诉我最近一段时间你承担过的工作职责以外的任务。"或者"告诉我最近一段时间你未经上司事先批准而采取的特定行动”。

假设情境问题与情境问题的不同之处在于，它不是问应试人在特定情境中实际做过什么，而是问他们在某个假设情境中会如何做。因此这就使面试官有机会就应试人在以前工作岗位上从没有遇到过的情境进行发问。比如，如果候选人从未担任过主管，而他应聘的岗位将需要承担一些主管职责，那么假设情境问题就使考官有机会来了解候选人的领导风格。

为什么招聘单位喜欢问行为问题？为什么现在更多的招聘单位越来越频繁地来采用行为问题呢？一般认为，行为面试的优势在于它使考官既掌握应试人对于既往行为的思路过程也掌握应试人的行为本身的特点，这样一来，与以往更为传统的面试问题不同，候选人就很难对这些问题预先做准备。

在你参加的某次面试中，可能部分问题是行为问题，你可以预测一下考官的发问范围，思考你的回答要点。当然前提是你有相关的经验，你以积极的姿态参与其中，而且你乐于借此机会表达观点。对于大多数候选人的主要问题并不在于他们是否具备相关经验，也不在于他们回答是否准确，而在于当他们被问到一个从未预计和思考过的问题时就茫然不知所措。他们在现场的压力之下就会穷于应付。

你在做应试准备时的策略应当包括两个方面。首先，尽可能多地预测一下你可能会被问到的行为问题。思考一下你的面试所围绕的这份工作。你认为针对这份工作面试官会问何种行为问题？做这份工作的员工可能会遇到何种特殊情境？你的简历或者工作经历中的相关内容可能会引起问题吗？你可以以这种方法来积累你的行为问题。

一旦你积累完成了一长串可能的行为问题，下一步就是规划你的应答策略。你的策略应当诚实而不应愚蠢。换句话说，你如何以最佳方式诚实地回答这个问题同时最有利地来表现你的行为呢？要知道招聘单位如果真正想要你的话他们可能会向人打听你的情况。

所以你应当尽可能如实回答问题。

你应认真思考问题，举出尽可能多的例子来说明你在以前的相关情境下是如何应对的。如果你工作经验丰富，你举的大多数例子应当和以前的工作相关。不过，如果你刚刚毕业，你的例子不必都和工作相关。你可以举一些你参加学校社团活动或者做义工的例子，这些都展现你积极的既有行为。

要学会以积极的方式来谈论你的经历，以此来支持你要表达的观点。但不要背固定答案。大多数人在面试时背固定答案的时候，考官就会觉得他们“千篇一律”。毕竟，你不想让考官听出来你只会背答案！你要让你的答案显得富有才智，更重要的是，你要让考官觉得这是你的现场发挥！

有些面试包含考察或者测试的部分。如果你应聘的是办公室文员或者机械工之类的岗位，招聘单位可能会测试你操纵实际设备的能力。应聘教师可能要在教室里上一堂课，让其他教师和学生作出评价。应聘者也会被问到一些特定的问题来考察你的知识水平，决策能力、分析能力和其他能力。

八、成功面试的四个步骤

根据面试专家的研究，从招聘方的观点来看，一场成功的面试包含以下四个步骤：

1. 准备与评估。
2. 建立和谐的关系。
3. 交换信息。
4. 结束面试。

总体上，这四个步骤就是一般面试举行的自然过程。它们通常包含以下的具体内容：

- 面试官做准备。在面试之前面试官会浏览你的简历，求职信以及其他相关信息（这并不意味着他们对你简历的内容熟记于心）。

他们也对你所应聘的岗位有思想准备。也就是说，他们在某种程度上知道他们需要哪种类型的员工以及候选人应该具备何种技能。他们也可能有意识地或者习惯性地设计好了某些问题。

- 面试官会尽力与应试人建立和谐的关系。也就是说，他们会尽力使面试双方感到舒适，在面试全程保持合作。有一些面试官说他们会在面试开头与应试人进行适当的闲聊，比如问对方："路上有没有碰到塞车?"他们大多数人会就你的职业兴趣问一些笼统的问题。面试官也会做以下这样一些开场白：

"我知道你以前在越秀公司工作。介绍一下这方面的工作。"

"请你先做一下自我介绍并说明你的职业目标。然后我会向你介绍一下本公司的情况。然后我们就进入正题。"

"你为何想成为一名计算机工程师?"

"我理解你想成为一名教师的想法。"

即使是最正规的小组面试也会以这样一个问题开场："请你做一下自我介绍并说明你到目前为止的职场经历。"

- 交换信息当然是面试全过程的核心。在这一阶段考官和应试人通过彼此互问互答来交流信息。考官根据应试人的工作能力，知识水平，相关经验，人际技能，交际能力，主动性，敬业精神，忠诚度，职业目标和受欢迎程度来全面衡量应试人。考官也会向应试人介绍工作岗位相关信息。同时，应试人在回答问题时会争取给考官留下好印象。应试人也可以通过提问来进一步了解工作岗位。
- 结束面试可以有多种不同的方式。在面试的最后阶段，面试官通常会问你最后你还想作哪些说明，或者你是否有任何问题。面试官在收尾时通常会这样说：

"对于整个面试你有何想法？你对这份工作又如何看?"

"对于我们公司你还有其他问题吗?"

"你有没有什么要补充的?"

"面试结束时我会介绍本公司并发给你几本小册子。"

所有的面试官都会进一步这样补充说明：

“我们过一两个星期会和你联系。”

“谢谢你参加这次面试。不过我认为你的资质不太适合这份工作。如果我们公司有更适合你的职位空缺我会给你打电话的。”

“我们面试了一些很优秀的候选人。这个过程会持续两个星期，然后你会很快收到我们的通知。”

九、面试成绩评价方法

面试成绩评价的具体操作方法主要有以下几种。

（一）内容评分法

这种方法是按照面试重点内容要求打分，不是每提一个问题就打一次分。操作过程是，每面试一位应试人，各考官面前均有一份《面试成绩评定表》。面试中，根据对应试人回答问题情况的观察、分析、判断，在各项内容的得分栏内打分。要求考官不得互相商量，各自独立打分。

这种方法的优点是：各考官独立打分，互不牵涉，因而能精力集中，并且不受主考官或考官中“权威人士”态度的影响，比较客观；缺点是：由于考官独立打分，具有隐蔽性，这样就难以避免考官中个别人打“人情分”。

（二）问答评分法

这种方法的操作过程是：将拟定的所有提问题目按照 1，2，3……的顺序编号，面试时，考官按顺序提问，应试人针对所提问题作答，每答完一题，考官即为此题打分，直至问题结束。

这种方法的优点是可使评分工作变得简便直观。考官只要根据应试人对每一问题回答的好坏程度直接打分，不需进行转换分析，因而评分的可信度有可能提高；但这一方法缺点较多：首先，对应试人的基本素质判断不明显，方法不够规范，尤其是一些技术问题，如提问题目与评价要素如何对应，各考官之间如何统一，等等，存在一定的困难。

（三）面试评语

面试评语分为两种：一种是考官评语；一种是考评小组综合评语。

1. 考官评语。面试中，各位考官在为应试人打分的同时，要对应试人面试的总体情况作出简明扼要的评价，也就是说要概括地说明对应试人的总体印象，如突出特点、明显不足、评定意见，等等。填写在评语栏内，作为考评小组对应试人写综合评语的参考。

2. 综合评语。综合评语是考评小组在对某一应试人的面试结束时，根据各位考官的评定意见，综合概括形成的评语。

评语，是对面试分数的一种补充，于面试后对应试人的考核及录用，都有重要参考价值。因此必须认真对待。

第三章

QIUZHI MIANSHI JIQIAO

面试成功的构成要素

一、行动指南

（一）留下积极的印象

招聘单位很少会聘用给人留下消极印象的人。以下这些建议将有助于你在面试之前或面试之中留下积极的印象。

1. 面试之前

面试之前要做的事极其重要，但也常常被忽视。你在面见招聘主管之前，常常间接地和他们周围的一些人进行联系。你也可能通过电子邮件，电话或者信函和招聘主管直接联系过。所有这些联系都会给人留下印象。

在面试官面见你之前他有三种途径会对你留下印象：

（1）面试官已经知道你。面试官可以通过以前的联系或者别人对你的描述来了解你。在这种情况下，你最好确认这种关系，但是在所有其他方面都把面试当成是一次商务会谈。

（2）你已经通过电子邮件或者电话联系过面试官。电子邮件和电话是重要的求职工具，你通过这些联系的方式给人留下印象。例如，无论是电话联系还是电子邮件联系都使人对你的语言技能和展示自我的能力留下印象。电子邮件还能快速传达你的书面交际能力。所以如果招聘单位已经安排你参加面试，你往往是已经留下了足够积极的印象。

你应当在面试的头一天打电话确认面试时间。比如，你可以这么说："你好，我想确认一下明天下午两点钟的面试是如期举行吧？"你可以从别人那里得到必要的指点。这种电话以另一种方式展示你对细节的关注，也传达出面试对你的重要性。

（3）面试官已经看过你的简历和其他求职信函。在大多数面试之前，你向招聘单位提供的某种信息或者文字材料使他们产生印象。

在事先寄一张便条、一封信或者发一封电子邮件往往给人留下你做事有条理的印象。无论是求职信、简历还是电子邮件都使面试官对你了解得更多。这些东西如果运用得好，会给人留下积极的印象。

2. 面试当天

以下这些建议会帮助你在面试当天留下好印象：

（1）准时到达面试现场。如果你在某一时间段内在同一城市有几场面试要赶，你应合理安排时间，避免把时间浪费在不必要的出行上。也可以咨询一下招聘单位的接待人员来了解行车路线和路途时间。要为可能出现的塞车等情况预留一些时间。一般要比面试时间提前 5 ~ 10 分钟到场。

（2）检查你的外表。你应提早到达，以便有时间到卫生间整理仪容，比如弄好你在途中被风吹乱的头发，擦去你不小心沾到牙齿上的口红。

（3）在等候区举止要得当。当你在等待面试开始的时候，心里要清楚放松镇定很重要。你可以做一些与面试相关的正事。例如，你可以复习笔记来准备你想要问的问题，思考你想要展示的关键技能，或准备其他面试细节。你可以随身携带一本工作相关的杂志或者就在接待区拿一本。在等候室里可能也备有招聘单位自身的出版物，你也可以翻阅。当然你也可以利用这段时间更新你的每日计划。

（4）对面试官万一迟到应有心理准备。如果你准时到达但是考官迟到了，那会让考官觉得欠你一份人情。如果考官已经迟到 15 分钟还未出现，你可以过去对办公室经理或者行政助理这样说："今天我还和别人有个约会，你认为某某考官还要过很长时间才能到吗？"你要有礼貌，但也不要显得你可以坐等一整天的样子。如果你要等候超过预定面试时间 25 分钟以上，你就应让他们重新安排面试时间。你要说这对你问题不大，你可以理解。另外，你要说希望下次面试时某某考官不至于太忙。谈好新的面试时间，微笑着接受道歉，然后离开。当你下一次参加面试时，上次迟到的面试官会向你道歉，而且很可能会好好待你。

（5）握手要有力，保持目光的交流。如果面试官向你伸出手来，你要一边向他微笑一边有力（但不要太有力）地和他握手。你可以事先稍微练习一下。不要凝视考官，在你们彼此交谈时眼睛看着他就可以了。这有助于你专注于对方的言谈，并向考官表明你能认真倾听，具备良好的社交技能。

（6）要表现出很有兴趣的样子。你在椅子里就座时，身体应稍向前倾，把头抬起来，眼睛直视考官。这种姿势使你显得对谈话很有兴趣，很警觉。

（7）戒绝令人讨厌的行为。应试人应戒绝任何心不在焉的动作或姿态。有的应试人在面试中会反复发出“啊啊”或“嗯嗯”的声音，或反复说“你听懂我的意思没有?”，或反复说其他言辞。有些人会抖动膝盖，有的女士会不自觉地摆弄头发。这些都应该注意。事先让你的朋友或家人指出这些不好的行为。

（8）注意你的嗓音。如果你天生讲话柔声细气的，你就应稍微提高你的音量。你可以学学新闻播音员的音量、语速和语调。当然，你参加的面试越多，经验越丰富，你的嗓音条件也会调节得越好。

（9）稍微聊会天。面试官常常会谈论天气，问你是否顺利到达面试地点，或者说一些其他开场白。你应友好应对，作一些适当的评论。不要过早进入面试正题，因为这些非正式的聊天是对你社交技能的标准衡量。你应对考官微笑，这会使他们产生好感。

（10）用富有人情的话语谈论考官的办公室。比如你可以说“我喜欢你的办公室！你是自己装潢的吗?”或者“我看到你的帆船了。你会驶帆船吗?”这里的用意是对考官感兴趣的东西表达兴趣，借此鼓动他来谈论。这种兴趣也是对考官的赞赏，你也有机会和考官交流共同的爱好。

（二）传达你的技能

如果到此为止你已经尽力在考官面前树立了积极的自我形象，

考官将有兴趣进一步具体地对你进行考查。下面的面试问答通常会持续 15 ~45 分钟，而且对求职者来说是整个求职过程中最重要最困难的一项任务。

通过直接完整地回答考官的问题你将向他们传达三方面的信息：你想要干什么工作；干好这个工作需要何种技能；你拥有哪些技能。

（三）使用有利于自己的控制性陈述

控制性陈述就是应试人作出的能引导面试谈话方向的陈述。也许你认为自己只是处于考官的控制之下，实际上你也有能力把面试的方向从闲聊引向你希望的领域。

例如，你可以直接说“我想要告诉你我干过的工作，我喜欢做的工作，以及为什么我认为我适合你们单位。”如果在闲聊开场白之后局面还不明朗，你的控制性陈述可以出现在正式面试的开头。如果你感到话题中心偏离了你想要表达的观点，你也可以在面试中的任何时间提出控制性陈述。

下面是一些在面试开头可以作的控制性陈述以及可以问的问题：

- “您在该职业中是如何起步的？”
- “我想进一步了解你们单位的运营情况。你介意告诉我吗？”
- “我在××行业有工作经历。我有兴趣了解我是否被考虑录用到你们单位的这一职位。”
- “我在××行业有三年工作经历和两年培训经历。我现在正在积极找工作，知道你们可能现在没有职位空缺，但我对未来的职位空缺很感兴趣。如果我对自己作一些介绍的话，你可能可以告诉我是否对我感兴趣。”

（四）好好回答弱点相关问题

所有的面试官都企图发现你可能在工作中会暴露出来的弱点。

根据一项研究，大约80%的求职者无法圆满回答一个或一个以上的弱点相关问题。每个人都有自己的弱点，你应当对此有所估计。假设你失业三个月，如果你不能对此作合理解释，这就是你的弱点。

（五）应提出有水平的问题

许多考官在面试中途会问你是否有问题。你的回答会影响他们对你的评价。所以你应有所准备，针对招聘单位问一些有深度的问题。有价值的话题包括以下这些：

◆ 公司运营所处的竞争性环境

◆ 公司的行政管理风格

◆ 公司在实现自身目标时预期会遇到哪些阻碍

◆ 在过去三到五年时间里公司的目标发生了哪些变化

一般情况下，在面试中途询问关于薪水、福利或者其他类似话题是不明智的。理由是，这么做会使你显得更关注公司能为你做什么，而不是你能为公司做什么。如果你没有问题的话，你会显得很被动很没有兴趣。

（六）帮助招聘单位了解他们应当招聘你的理由

即使面试官不会直接说出来，他心中所想的也永远是“为什么我应当聘用你而不是别人?”对这个问题的最好回答可以使招聘单位而不是你处于优势地位。可行的回答就会证明你能通过提高效率、减少开支、增加销售或者解决问题来帮助公司挣更多的钱。

（七）正确地结束面试

在面试收尾的时候，要做到以下几点：

◆ 不要让面试持续时间过长。大多数面试持续30～60分钟。如果考官的问题不是很多，你应尽量使面试不超过一个小时。你要观察考官身上的信号，比如看表或者翻文件，那意味着他们即将结束面试。

◆ 概括面试的要点。你应发挥判断力作出简短概括。概述一下在面试过程中出现的主要议题。如果时间不够的话你可以跳过这一步。

◆ 如果考官对你存有疑问，应明确作出答复。无论什么问题，如果你认为某位考官会把它作为不聘用你的理由，你就把它提出来，然后给出理由说服考官。如果你搞不清考官在想什么，就直接问："我身上有什么使你担心以至于不聘用我的理由？"无论出现什么问题，你要尽力圆满地回答。

◆ 重述你胜任工作的实力。你要利用这个机会再一次展示你具备的与这项工作相关的技能。你仅需强调你的核心实力，陈述要简短。

◆ 如果你想要这个工作，就作出要求。如果你想要这份工作，就直接向考官说，并给出理由。招聘单位更愿意聘用那些对工作有激情的人，所以你要让他们了解你的激情。

（八）面试后续工作

面试结束你回到家并不意味着整个面试过程已经结束，你还需要做一些后续工作来增加被聘用的机会。

在本书第七章对于面试后续工作将会做深入的阐述。

二、答题技巧

在面试中你可能会被问到无数个问题，显然你无法为每个问题准备一个"正确的"答案。而且在面试中常常会出现你预料不到的问题。因此，找到回答面试问题的普遍方法远比背诵千篇一律的答案要重要得多。

在本书中笔者提出一个三步走的答题方法。你可以利用这种方法来有效回答大多数的面试问题：

1. 充分理解问题。大多数面试问题涉及你的适应能力和个性。这些问题包括“我们能依靠你吗?”“别人容易和你相处吗?”，以及“你是个优秀员工吗?”面试问题也可能涉及你是否有经验和培训经历来做这项工作。

2. 以有利的方式扼要回答问题。一个问题的圆满答案应当确认你所处境况的各项事实，并让这些事实呈现为你的优势而非劣势。

3. 通过展现你的相关技能来回答实质问题。对于面试问题的有效回应应当是正面回答问题，并且展示你能胜任工作的能力。

为了详细说明这个三步走的答题方法，我们就用它来回答一个具体的问题：

问题：“我们以前招的人在这个领域看起来比你更有经验。我们为什么要考虑用你而不是其他有更好资质的人呢?”

下面我们就来演示如何用三步走的答题方法来构建这个问题的答案。

第一步：充分理解问题。

上述这个问题往往以不太直接的方式被提出，它也是招聘单位经常很关心的问题。要回答它，你必须记住招聘单位往往雇用那些善于在面试中展示自己的员工而不是有更佳资质的员工。你的最佳策略是强调你所拥有的一切可以给招聘单位带来利益的个人优势。面试官想知道你是否有专长能帮助你和更有经验的员工竞争。比如，你工作勤奋吗？你学得很快吗？你接受过强化培训或者你有实际操作经验吗？你有没有从其他活动中获得过可以应用到这项工作的技能？事先了解你可以提供哪些技能是回答这个问题的关键。

第二步：以有利的方式扼要回答问题。

例如，下面这种回答对应试人比较有利：

“我知道有人比我更有经验更具资质。不过，我拥有四年综合培训和使用最新技术的实际操作经验。由于我刚刚接受过培训，我善于吸纳新思想，能适应繁重的工作并能快速学习。”

第三步：通过展现你的相关技能来回答实质问题。

尽管前面的回答准确扼要，你还应进一步补充细节来强调从事该工作所必需的关键技能：

“你知道，我以前是一边从事全职工作一边照顾家庭同时还要上学。在那两年时间里，我无论在单位还是在学校都保持着优秀的出勤率，在两年时间只请过一天假。我获得过两次工资晋级，我的学习成绩在班上处于前25%。为了做到这些，我努力学会安排时间务求有条不紊。我以前的勤奋努力使我有充分的准备来从事这个新的职业领域。我也乐于继续在工作中实现自我。你们提供的岗位就是我准备要做的工作。我愿意比别人更卖力工作，因为我渴望继续学习并从事一份杰出的工作。现在我的教育已经完成了，我能够全神贯注地干这份工作。”

这种回答展示了干好任何工作所必需的技能，这位求职者令人感觉非常可靠。她还举例子说明了自己在不同的环境中应用了必要的技能，总体上这是一个完满的回答。

三、精神激励方法

每个求职者参加面试的初衷都想获得成功，所以，我们需要时时在精神上激励自我。

精神激励的第一个方法是利用你自身的能量想象你所向往的结果。就面试辅助而言你可以想象你在一个面试的场合成功地通过了一场面试，你对于面试情境或者事件的构想影响了面试的结果。

有些人认为精神激励方法有用是因为你的心理作用。当人们担心事情负面的结果而负面的结果恰恰就发生了，这就被称为自我实现的预感。如果你觉得你会在面试中表现不佳，你就会越发感到恐惧，你会六神无主，举止失措。而如果你想象的结果是顺利时，你的心理也会引导你走向成功。

有些人认为我们的思想影响事情的结果是因为我们思想的能量。他们认为那种能量具有磁性，它能够吸引具有类似振动频率的别种能量。所以积极的思想能够吸引积极的事件。有人就认为："我们总是把那些思虑最多、信得最深、期盼最烈，以及想象最生动的事物吸引到我们的生活中来。"在世界的一些地方，想象被当作实现身体健康的一种主要手段。所以，想象不是专为运动员们所保留的健身项目。销售代表、飞行员、舞蹈家、音乐家、演员、厨师、工程师。以及学生每天都在运用想象。

那么，该如何想象一次成功的面试呢？首先，你应当想象自己警觉但不紧张。你走进面试的房间与面试官握手。你面对面试官舒适地坐下。你看上去非常自信因为你知道自己是招聘职位的不二人选。你欣然面对求职面试的新体验。此刻，面试官正对着你微笑。你可以想象自己在面试中对答如流，没有丝毫错误，而且抓住机会向面试官展示了你的所有优点。面试官理解你而且接受你的所有观点。你确实给他留下了好印象。你的交际风格诚实而又充满和谐。你获得了招聘单位的录用。你感到自信满满，踌躇满志地期待着着手开展一份具有挑战性的高质量工作。你可以进而想象你的工作业绩越来越好并受到了适当的奖励。总体上，你的想象乐观、鼓劲而又令人满意，昭示着你将拥有一个美满的未来。

下面是一个非常有用的想象练习。这个练习包括一些你针对自己的肯定性陈述。这些句子坚定而积极，有力地设想了你所要表达的欲望。你可以自己列举一些这样的句子，每天大声地说几遍。下面是一些例子：

"我是这份工作的最佳人选。"

"别人都喜欢我。"

"我在面试中给人留下了非常好的印象。"

"我和新朋友很容易相处。"

"面试官认为我是这个岗位的最佳候选人。"

“我一定会被录用。”

“我有一份非常令人满意、薪水优厚的工作。”

“我的工作在所有方面都令人满意。”

精神激励的第二个方法是改变你任何不合理的想法。事实上，我们每个人都有一些不合理的想法。这些不合理的想法似乎在我们刚懂事时就有了。没有人知道是否我们一出生就有这些想法或者是否我们从身边的人中吸收了这些想法。不合理的想法危害很大，因为它使我们畏缩不前，充满恐惧。有些不合理的想法难以令人置信，但我们还是时常重复它们。从这个角度来说，我们的话语会伤害我们，这是因为它们强化了我们对于生活的负面与不合理的看法，使我们裹足不前、缩手缩脚。下面列举的是很多人都会碰到的典型的不合理想法：

“我受不了啦。”

“这会非常糟糕。”

“我是个废物。”

“是他或者她让我这么做的。”

“事情不应该这样。”

如果你对即将到来的面试产生了不合理的想法，你的大脑里可能会反复出现与下面这个段落相类似的思绪：

“我永远也找不到工作；面试官会眼看着我犯错；我是一个傻瓜；我做不好任何事情；参加这个面试对我来说太不公平了；事情不应该这样；如果我连这份工作也干不好，那就会太糟糕了；我再也受不了了。”

你会发现通常情况下出现的一些不合理的想法会很容易就出现在面试情境中！

消除不合理思想的最重要工具是笔记本和笔。你需要安排一些时间来审视这些思想，并且弄清生活上与逻辑上的事实是如何貌似合理地来支持它们的。如果你定期地这样来理清你的思路，你在面临面试时就不会惊慌失措。

下面这张工作表可以帮助纠正你在面试期间面临的不合理思想。

不合理思想	事实
举例：面试官会让我犯错误。	举例：没人能控制我的思想。 有时候我会犯错误。 每个人都会犯错误。
1.	1.
2.	2.
3.	3.
4.	4.
5.	5.

四、应试人的禁忌

在面试过程中犯忌往往会使你马上丧失被录用的机会。因此，你必须表现出最好的行为，避免应试人通常会触犯的一些禁忌。

具体而言，应试人应当避免触犯的禁忌主要包括以下一些：

1. 为自己的行为提供愚蠢的借口。找借口清楚地表明某人不愿意为事情负责。比如，有的应试人会在面试迟到时说：“你们的指令不清所以我迷了路。”这马上会让招聘单位反感。在面试中其他经常会出现的借口有：

- 我忘了。
- 那不是我的错。
- 那家公司不好。
- 我以前的老板真的很讨厌。
- 那所大学不太好。
- 我记不清我为什么那么做。
- 那里没有人欣赏我的工作。
- 我当时没有时间浏览你们的网站。

2. 态度恶劣消极。有的应试人过于消极，过于傲慢，过于咄咄逼人；有的对别人表现出不宽容和强烈的偏见，或者对所有的人和事充满抱怨。这样的人无论多么有才干，由于他糟糕的态度会损害办公室里的工作气氛，他很可能工作不到两个月就会被解雇。

3. 在面试场合做出不合适不可预料的行为。比如展露伤疤、文身、肌肉或者家庭成员的照片。

4. 说话不连贯，要点不突出。有的应试人思路不完整，说话没有重点，或者东拉西扯。这可能表明应试人注意力不集中。

5. 回答问题过于简略。对大多数问题只简单地回答“是”或者“不”或者“可能”或者“我不知道”。显得很肤浅，缺乏主动性，缺乏兴趣和热情。

6. 缺乏方向感和人生目标。当有的应试人被问到“五到十年后你的目标是什么?”就觉得难以回答或者简单地告诉考官“就待在你们单位!”应试人显得只追求薪水而没有工作热情。

7. 看上去身体不健康。比如面容苍白、眼神呆滞，或者很憔悴。有的应试人咳嗽、打喷嚏会令人不快。

8. 主动谈论不合适的个人信息。如果应试人主动谈论家庭、婚姻、性取向或者身心问题会让面试官感到不舒服。

9. 缺乏自信和自尊。看上去不自信，紧张，坐立不安。缺乏做决定的果断性。说话中流露出不确定性，经常说“我不知道”，“可能吧”，“我不能肯定”，“我以前没考虑到”，“我要想一想”。

10. 过于热切想得到这份工作。态度过于热情，极力讨好考官，显得过于神经质。在面试开局，尚未全面了解招聘单位和招聘岗位前就表示“我真的喜欢”，“这一定是工作的好地方”，“我热爱你们的产品”，“我需要这份工作”，“需不需要加班?”“你们会付多少薪水?”“你们有医保吗?”或者“我的假期有多长?”

11. 表现得不诚实，有欺骗的倾向。使用千篇一律的面试语言，回避考官的质问，显得不真诚，耍心眼，在有的地方遮遮掩掩。考官觉得此人在工作中可能不会光明正大，有欺骗的倾向。

12. 说以前老板和同事的坏话。当被问到为何离开原来的单位，就开始攻击以前的老板和同事。这表明应试人自尊心很强，但对别人的态度很糟糕。

13. 对招聘公司不大感兴趣。未充分了解该公司的情况，从未上该公司网站浏览，也未看过该公司的宣传手册。

14. 在面试中过早谈论薪水和福利。在面试开场 15 分钟内就谈论薪水和福利。除了工资报酬以外对公司和招聘岗位兴趣很小。

15. 举止粗鲁或对考官失敬。面试迟到半个小时不做任何解释；只是坐等考官问问题；随意拿考官办公桌上的东西；在面试过程中咬手指甲掏鼻孔；与考官的论点针锋相对；面试结束时不对考官表示感谢。

16. 废话太多。每回答一个问题就东拉西扯一大堆，而且说个不停。这会使考官非常讨厌。

17. 表现出经济窘迫而且贪婪。过多谈论自己的经济需求。在面试中不必要地谈论自己的经济状况，包括债务和未来的购买计划，而不谈自己会在岗位上创造什么价值。希望招聘者认同他的生活方式。这样的应聘者往往过着入不敷出的生活。

18. 无法很好地说出自己取得的成就。应试人在说明自己的工作经历时往往主要涉及自己的任务和职责。当被要求举例说明在以前工作中的五个主要成就时，就茫然无措，感到很不适应，举不出例子。

19. 对于招聘单位和招聘岗位问不出问题。当考官问“你有任何问题吗?”应试人回答“没有”或者“你已经问得很全面了”。问问题往往要比回答问题更重要。当你提出有水平的问题时，你就在强调你对于招聘单位和招聘岗位的兴趣，也表明你具备工作必需的才智。

20. 表现出以自我为中心而不是以招聘方为中心。这从应试人问答的方向中马上就可以观察出来。如果应试人的提问和回答专注于自身利益，应试人就是以自我为中心。举例来说，一位反复使用

"我"这个词来谈论自己和工作的应试人可能就是强烈地以自我为中心。反过来说，频繁使用"我们"和"你们"这两个词的应试人更倾向于以招聘方为中心。你可以比较一下下面两组句子：

（1）在这个岗位上我应该做什么？

你认为在未来半年里我们应达成什么目标？

或者

（2）干这份工作我能挣多少钱？

你们通常对于像我这样资质的员工付多少工资？

21. 显示出糟糕的谈话习惯。有的应试人听问题不认真，回答时就不着边际。或者更乐于发言而不是倾听。

22. 没有对谈论薪水作充分准备。明智的求职者应当在被正式录用后再谈论薪水和福利。如果你过早谈论薪水，你就会降低自己的身价而且显得以自我为中心。你应当事先对该行业的薪水行情作一番了解。在面试全程认真倾听，问几个问题来了解招聘岗位的价值。而且要充分强调你的技能和成就，这样老板就会欣赏你并乐意付你不错的工资。在你和老板协商工资时，你要让老板先开价，然后你再一点一点地和他协商直到双方达成一致。

23. 对面试准备不充分。这是应试人会犯的所有错误中最大的一个错误。它会引起其他所有错误。面试对每个求职者都是大事，如果你对面试准备不充分，你在面试中的表现就会使考官失望，从而你就得不到这份工作。

五、克服四种不良心理

（一）迎合心理

迎合心理，也称逢迎心理。具有这种心理的人特别注意别人对自己的看法，把别人对自己的评价视为高于一切。在和别人打交道时，一味企求得到别人的好感，甚至不惜放弃自己的原则，轻易改变自身的观点。这种人由于对自己没有一个比较稳定而客观的评价，因而易于使自己受到各种外界因素的影响。

这种人在面试中常常会不失时机地恭维考官，在回答问题时也往往顺着考官的弦外之音而进行，希望以此来博得考官的好评。事实上在大多数情况下，这种做法的结果往往适得其反，它非但不能得到考官的“恩宠”，而且还会减损他们对于应试人真实素质的评价，因而是不可取的。

（二）羞怯心理

每个人都存在程度不同的羞怯心理，只是那些性格较内向、平时不太喜欢社交的人表现得更加明显。但是，较强的羞怯心理往往会对一个人的事业产生一定的影响。在羞怯心理的支配下，由于心情紧张的缘故，个人呈现出极不自然的面部表情或姿态，说话不能平稳地进行。因而在一定程度上妨碍了自身真实水平的发挥。

羞怯心理产生的实质原因在于信心不足。在面试中，羞怯心理较强的应试人往往比较在意自己的一言一行，尽量使之符合以前所学的各种规范和要求，目的是为了给考官留下一个较好的印象。但由于过分专注于自身举止与言语的选择与表现，无法集中精力解答问题，就会严重影响自身能力的发挥。所以，对于应试人来说，事先有意识地加强社交方面的训练是很有必要的。

（三）紧张心理

紧张心理往往表现为应试人在面试前出现的一些局促不安的状态，或对面试的可信度发生猜疑，或冥思苦想对策，或焦急不安地到处打听，严重者会导致失眠。

（四）侥幸心理

由于面试，特别是面谈法面试的题目带有较大的偶然性，面试也不像笔试那样有统编教材以作应考准备，所以，有些应试人总是寄希望于侥幸取胜，或希望能抽到好题，或寄希望于考官能网开一面，等等。心存侥幸的应试人在面试前一般不作太充分的应考准备，却常常是只做一些猜题押宝工作，聊以自慰。这显然不能取得面试的成功。

六、面试全程步步为营

（一）面试成功策略

1. 知己知彼，百战不殆

求职面试远不止是简单地准备问题然后答题。它包括了解面试的不同类型，了解面试举行的具体情境，以及了解各种各样的面试布局和提问技巧。你要准备面试的方方面面就要估计到各种可能出现的情况，并且尽力在言语和非言语行为两方面对自己作出最好的展示。

（1）了解和评价你自己的实力。

在第一章《面试之前应有的准备》中我们已经讨论了自我认识自我衡量的重要性。充分的自我评价才能使我们了解自己掌握的主要技能、能力和成就。这样一来我们才能在简历中合理地介绍自己的特殊优势，而且能在面试中积极展示自己最好的一面。

（2）结合招聘单位的岗位需求了解你掌握的技能能为它们带来什么利益。你要细致地进行分析，尽可能举出详尽的例子。

（3）你的思路应以招聘方为中心而不是以自我为中心。作为应聘者，你对工作有特定的相关需要，如工资、福利、满意度等。但这些需求都是以你的自我为中心，在面试中不会作为主要议题。由于面试官也有特定的需求，你应多从他们的角度考虑问题。你应关注你能为招聘单位做些什么而不是招聘单位能为你做什么。在做面试准备时，多想想你能为单位带来什么利益。

（4）列举你的成就并用实例加以证明。你如果罗列你的成就，就用具体的例子加以证实。你可以预先准备四个或五个工作相关的成功例子以便在面试时告诉考官。不要简单地说你在以前单位工作时“发生了什么”，而要具体说明你的成功之处。

（5）了解你喜欢做什么。你可能掌握很多出色的技能，而那些你真正喜欢应用的技能才最有可能继续用来为新单位谋福利。

（6）了解应聘行业，研究工作相关问题。在你参加第一场面试之前，你就应当对你计划进入的行业作一番研究。你可以从多方面获得信息，比如图书馆的参考资料、公司出版物或者公司网站。而对业内人士进行的信息性面试也可以使你了解很多情况。你应当了解你所处地区该行业相关工作的工资水平。另外，你可以了解一下某些工作的职责是什么？你在这个行业有多大的发展余地？需要哪些特殊技能？需要何种学位和培训？

（7）收集招聘单位信息。在你去参加面试之前，应研究一下招聘单位。尽可能多地了解它们的运营情况、它们的声誉、团队目标、管理哲学、招聘什么样的人、员工是否有很多升职机会，所有的信息都对你有用。这会使你决定是否要成为它们团队的一员，并使你在面试问答中更有准备。大多数的公司无论大小都有自己的网站。这些网站能够提供大量关于公司运营的信息，甚至公司的基本人员目录。除此之外，你还可以当面咨询这家公司的员工来进一步获得人事方面的信息。

（8）收集面试官的信息。招聘工作都是由活生生的人在进行。所以了解面试官对你很有好处。他的个人背景如何？他喜欢问哪种类型的问题？他的个性如何？他会不会问给应试人带来很大压力的棘手问题？你对考官了解得越多，你就越能以坦率而中肯的方式来回答问题。

（9）掌握招聘单位的思路。招聘单位感兴趣的是使工作及时、优质、经济地完成。他们对你的个人目标不感兴趣，除非它和你在单位的表现直接相关。

（10）预测问题，做好准备。在面试之前你可以预测 90% ~ 95% 考官可能会问你的问题。考官可能会问你工作相关的教育背景和工作经历。也可能会问到你的个性，工作习惯，与别人合作的能力，或者你的职业目标。除了准备标准领域的面试题之外，你也可以看一下自己的简历，上面可能有些部分会引起考官的注意。比如，在你的教育或工作经历中是否有时间上的空白未做解释？你在短期之内是否频繁跳槽？你申请的工作岗位是否显著低于你的能力和你先前的工作经历？

换句话说，任何考官有疑问的地方你都可能在面试中被问到，所以你应做好相应的准备。

你要为机智答题收集必要的信息，整理好你的思路，制定好答题策略。

（11）操练应答的形式和内容

大多数人觉得为预测的问题准备不同的回答方式较为可行。这并不是说你要去背诵自己或别人的答案，而是说，你要在确定基本的应答策略后就着手构想答案。大多数人认为在面试之前反复操练这个过程很有用。

（12）让一位朋友帮助练习答题或者使用磁带录音机。准备面试时如果没有反馈信息来评价你的潜在表现就往往不能取得令人满意的效果。要请一位朋友来帮助你准备面试。你们可以进行角色扮演——你朋友扮演面试官而你扮演应试人。你们可以操练面试的全过程，你把所有该做的都演练一遍，从问候考官到回答具体问题直到结束面试。把你的答题过程进行录音，然后分析一下你是否向考官展示了自己的实力和价值。你是否给出例子和证明？你给的答案是否都有积极的内容？你的回答以招聘方为中心吗？你应反复操练直到对自己的问答满意为止。

（13）为不同的面试类型和场景做准备。你应当准备应付两种类型的面试：信息性面试和招募面试。这些面试可能通过电话进行，也可能以面对面的形式在诸如面试官办公室、餐馆或者某个社交场合举行。如果你在餐馆参加面试，你应务必遵守正确的用餐礼仪，避免选择难吃的食物，譬如螃蟹。考官会观察你的用餐举止。你用餐的内容和方式可能和你答题的方式一样对整个面试具有同等的重要性。千万不要在嘴里塞满食物时答题。

（14）准备参加同一面试官主持的几次不同面试。很多应试人惊讶地发现他们在几次面试中碰到的都是同一位考官。他们一般要经历两次面试：筛选面试和聘用面试。筛选面试可能通过电话进行。你要做好准备接听考官突然打来的电话。考官会考查你对应聘岗位的实际兴趣，你何时能上班，以及你对工作相关的期许包括薪水要求。聘用面试通常在考官的办公室举行。它可能会涉及一对一面试、连续面试、系列面试、小组面试或者团体面试。每一次面试会在不同层面考查你的兴趣、能力、知识和技能。

（15）准备应对不同的提问技巧。也许你主要准备的是如何应付直接式提问，但有些面试官会采用间接提问或者压力提问方式。比如，他们不问“你在你的老板手下工作感到困难吗?”，而是问“你为什么三次跳槽?”或者“你是如何与你以前的三位老板相处的?”再比如，他们不直接问你的社会地位和经济状况，他们会问“你偏爱住在社区中的哪个位置?”如果某项工作需要应付大量的压力，在面试中考官可能会问你一些压力问题考查你的应对能力。比如，你可能会突然被问到“如果我们招聘了你而三个月后发现你不是我们想要的人，我们该怎么办?”或者“我们一般不聘用没有大学学位的人。你打算念大学吗?”考官也可能会设计一些问题对于他们认为你在面试前充分排练过的说辞进行质问。考官在这样问的时候会竭力发现你的弱点。

2. 关注细节，把握分寸

很多面试准备原则也适用于面试进行过程。但下面是一些参加面试过程本身需要掌握的原则。

（1）把你遇到的每一个人都当成对面试具有潜在重要影响的人物。当你刚刚到达面试现场的时候，你会进入一个接待区，遇见前台接待或者秘书，然后被要求坐等。在你等候时招聘单位的其他员工也可能进来。你对所有这些人都应有礼貌而且应显得成熟老练。比如，你应当这样和前台接待或者秘书打招呼："早上好！我是吴小莉，我和张总在九点钟有个约会。"然后你会被邀请坐在某个地方。招聘主管有时候会询问这些员工对应试人的看法："你对这位候选人怎么看？你和她交谈过吗？她在等候面试时在干什么？你会喜欢她吗？"其他员工对某位应试人的看法可能会对整个面试非常重要。所以你应慎重对待招聘单位的每一位员工。

（2）在面试头五分钟给考官留下好印象。面试的头五分钟可能不会涉及工作相关问题，但对整个面试最为重要。在这段时间考官会对你留下关键性的初步印象并且决定他们是否喜欢你。是否被人喜欢是能否被录用的最重要的标准之一。如果你给考官留下了良好的初步印象——如正确握手，穿着得体，交谈有分寸——面试的其余部分就会非常顺畅，因为面试官会乐于帮你。他可能马上就觉得你应当被聘用。而后面的问答仅仅是会强化这些好印象。你擦的香水应适量，佩戴的珠宝首饰应尽可能地少。这样就不会发出过浓的气味或不必要的噪声。

（3）按照考官的要求就座。考官会对双方就座的位置很注意。比如，你可能会被要求坐在办公桌的另一头或者沙发上。无论如何，在考官要求你就座前不要自己慌慌张张地找位子。

（4）管好自己的手。如果你坐在考官的办公桌边，你的手和胳膊不要放在桌上，手里也不要拿笔。你要表现得大方，富有活力，全神贯注于考官，不要做出紧张不安的小动作。

（5）两只脚都要踩到地板。如果你坐在沙发上老板看得到你的全身，不要跷二郎腿也不要露出你的鞋底。两只脚都要踩到地板。在面试时跷二郎腿是不合适的。

（6）在面试开场闲聊时要显得风趣积极。闲聊也很重要，这可以展现你的社交能力，对于工作这和你的职业技能一样重要。闲聊并不是讲笑话，而是有目的地为面试话题做开场白。

（7）运用某些减压技巧消除紧张情绪。你可以使用一些演讲者常用的技巧来调节自己的紧张情绪。你走进面试室时，可以缓慢地深呼吸。如果你不想让考官看到，就尽量做得隐藏一点。同时你的自我注意越少，对别人的注意越多，你就会越觉得舒服。你要少考虑自己的需求和恐惧，多关注考官的需求和问题。当然，你要消除紧张，就必须在面试前做好充分准备。

（8）针对面试官的需求。大多数面试官考虑的是招聘那些在技能和个性两方面都满足招聘单位要求的人。在面试中你必须证实你具有良好的技能与个性。所以你应当强调你对于招聘单位的价值，灵活回答问题，以使考官在最终对你作出最有利的评价。

（9）注重交流有用信息而非单单获得工作。要时刻牢记你的目标。要知道，你和面试官双方都需要获得信息来切实地帮助彼此最终作出正确决定。如果你只专注于问答，想给考官留下好印象来获得工作，你可能会非常紧张，一路犯错误。你应当放松，专注于你真正应该做的事——提供信息并收集信息。作为应试人，你需要关于招聘单位和工作方面的信息。这是你真正想要工作的地方吗？它适合你吗？面试官也有类似的问题要问你。

（10）强调积极的一面。你要使你答题的内容和答题方式都保持积极。如果你谈到以前的老板，要尽可能积极地评价他们。如果你对以前老板泼脏水，现在招聘你的老板会认为有朝一日你也会那么对待他。如果你只是指责以前的同事，招聘你的老板会质疑你在单位里与人相处的能力。换句话说，说别人的坏话对你几乎没有任何好处，而会带来很多消极的效果。你应避免使用“不能”，“不会”之类的消极词汇。要多用积极的词汇。譬如，你不说“我不想每个月出差超过四五天”而要以更为积极的姿态说“我希望每个月出差保持在四五天之内”。你应当在日常交际中保持积极的姿态，这样你在面试中也会更适应积极的表达。

（11）化不利因素为有利因素。在面试中考官也想了解你的弱点，而你则应不断强调你的优势。你应当以积极态度来应对所有问题。

例如，大多数求职者因为具备或不具备某种条件而使自己在竞争中处于不利地位。也许你刚刚迈出校门缺乏经验。也许你年过半百。也许你失业很久而且转过行。

对于无论哪一种你认为会阻碍你获得聘用的不利因素，你应当努力使它切实转化为有利因素。徐珍记得几年前她还是某单位人事部门主任的时候，有一次一位六十多岁的女士来到她的办公室。这位女士明显知道她的年龄是个不利因素，所以她有备而来，只一味强调自己的优势。她罗列的第一个优势是她“不会怀孕!”。

（12）要具备积极的非言语行为。对招聘过程的研究表明招聘决定的65%～70%通常是根据非言语交际作出的。非言语信息——比如你的外表和穿着——在面试中首先被传达给考官。你嗓音中的热情和脸上的活力显示出你对工作的兴趣也体现出你的干劲。你和考官的目光交流有助于彼此建立好感维持兴趣。由于非言语信息较难控制，比起言语信息人们更愿意相信别人的非言语信息。所以你要好好地利用你的非言语交际。你应特别注意你的衣服、饰品、化妆、体味、握手、脸部表情、目光交流、坐姿和倾听行为。

（13）务必要问问题。应试人应做好准备，问几个与招聘单位和工作相关的问题。你应设计这些问题获取信息帮助你做出决定或者展示你对工作的兴趣，智能和热情。你可以把问题记在小卡片上以免遗忘。在面试中使用卡片是可行的。你可以对考官说“我有几个问题想问您，我做了笔记在卡片上。”然后拿出你的卡片问问题。这可以使考官知道你有所准备，想通过他来获得一些信息。不过，面试中途不要问关于工资和福利的问题。如果此刻你问的话就会显得过于以自我为中心。关于工资和福利的问题应留到面试结束你获得应聘时再来谈。

（14）你要深思熟虑后再接受聘用。在招聘单位提出聘用后，你的直接反应可能是现场马上接受。实际上在大多数情况下你最好要求至少一两天的时间来考虑是否接受聘用。这给你机会权衡自己是否真的想要这份工作。你也要核实一下你申请的其他单位的岗位录用情况。你甚至可以向这家招聘单位或任何其他单位提出更高的薪水要求。如果他们有心要你，他们会有所行动。你也可以把录用情况和其他家庭成员商量一下。

3. 稳重收尾，完成全局

你和考官握手离开考场并不意味着面试全过程的结束。只有当你或其他候选人被正式录用后才真正结束。因此，在面试结束之后你应做一些后续工作来增大被录用的可能性。

（1）及时记录面试信息以备将来参考。通常你在一家公司要参加不止一次面试。在每次面试结束后的 24 小时内你要对面试情况做相应记录。记下面试官的姓名与职务，任何与工作岗位相关的信息，你在面试中所强调的相关资质，以及任何其他对你将来有用的信息。你可以对每次面试做一下总结，以备将来参加同一职位或其他职位的面试时预先做参考。

（2）寄一封感谢信。在面试结束的当天或者最晚不迟于第二天向招聘单位寄一封感谢信。在信中感谢面试官为你付出的时间，表示你对该岗位的持续兴趣，并再次强调你对于该工作所具备的特殊技能或者经验。信的格式要正规，能展示你的职业水准。

（3）在过了招聘单位的录用决定日之后打个电话过去问一下。记得在面试结束时你应当问考官录用决定何时可以作出，并问他如果你到时未接到通知是否可以向他打电话？如果到时候真的过了时间你真的必须打电话问。

如果你把所有这些面试相关的原则付诸实践，你将在求职过程中处于优势地位。你将拥有饱满的自信、热情和活力去参加面试。你也将给考官留下积极的印象，使他更愿意聘用你。

七、灵活应对各类面试官

（一）冷若冰霜型

这类考官大都正襟危坐，应试人进门来，他们也没有什么反应，似乎是无视其存在。这类考官性格内向沉稳，比较坚持原则，考察应试人的方式更是一板一眼。

针对这类考官，应试人不妨多注意他的一举一动，从其言谈中找出他真正关心的问题，随便和他聊聊，让他多说话，做出认真倾听的样子，最好使对方认为你是知音。

（二）谦虚可亲型

这类考官永远让应试人感到可亲可近，他们用赞同的语气与应试人交谈，乐意让应试人充分表达，并加以诱导，以使其感到安慰。但其实他们的原则性还是很强的。

面对这类考官，应试人必须保持高度警惕。第一不要“做戏”，而应该诚心诚意、老老实实地谈自己的想法。第二不要一味迎合考官，也不要妄自尊大。

（三）深藏不露型

这类考官城府深，说什么话都留有后路。他们对人似乎很热情，又好像很冷漠，他们很少主动引起话题，决不轻易让应试人洞察其心思。

应对这类考官，要坚持“沉默是金”的原则。沉默不是不说话，而是说的话少而精，深思熟虑后再说不迟。当话题论及应试人的能力、愿望、工资要求等方面时一定要慎重，最好说一些具体的东西，宏观而浪漫的目标、理想最好免谈。

沉稳、坚定、精明、能干、责任心强、值得信赖是他们所欣赏的品质。这类考官往往心里很快作出决定，之后不会轻易更改。所以给他们留下一个好印象极为重要。

（四）慢条斯理型

这种考官做什么事总是慢三拍，不急不慌，他们是很有耐心的人，一般心地善良，总要把一切都弄得仔细明白，做事一丝不苟。

遇到这种考官，最重要的就是耐心，说话尽量保持谦虚温和的口气，耐心回答问题，内容尽量详细，多些说明，少些辩论，理论性的阐述一律可免。

（五）喋喋不休型

一些喋喋不休的考官是口若悬河的理论家，他们可以大谈公司如何如何重要，能胜任公司工作的人需要如何高的水平；心仪这家公司的应试人是如何多如牛毛，甚至列出具体数字；可以大谈工作的职责、前途和未来发展大计。

遇到这类考官，应让其自由地表达，让他处于自我兴奋状态。在聆听对方讲话时，一定要显示出浓厚的兴趣。

（六）心不在焉型

考官对面试似乎不那么关心，一切按部就班，显得漫不经心，心不在焉。对于这类考官，应试人最好刺激他们的新鲜感，使他对自己产生格外深刻的印象。应试人不妨在面试时显得大方些，与他们进行闲聊式的对谈。

八、面试官和应试人的成功建议

每年都会有很多面试官和应试人参与到面试这一特殊而重要的活动中来。无论从面试官还是从应试人方面来讲，前人的经验总会对后人有所帮助和启发。下面收录的是一些来自面试第一线参与者的极有价值的建议。

(一) 面试官的建议

1. 要走正道

面试官们认为应试人的开场白很重要，他们的交流应当真诚，同时应试人不应该因为初步的失败就垂头丧气，也不要因为不能控制面试的局面而感到沮丧。

“我希望应试人有备而来地走进办公室与我握手，我希望他们在别人的指引下入座。很多猎头公司认为应试人应当主导面试，我认为不是这样，应试人应当入乡随俗。”

2. 给出恰当的回答

“应试人应当有能力来描述他们的技能以及他们所从事的工作。我们看到在很多项目上往往是一两个人在真正干活，其他人都是搭顺风车的看客，这些看客我们不喜欢。”

“某些素质应试人应该具备：他们脸上应该洋溢出活力，具备恰当的表达能力和细致阐述问题的能力，思维应当富有逻辑性，不要东拉西扯、含糊不清。”

“有的应试人回答过于简短，这很不好。我有时还得费力地猜测他们的意思。有的应试人说话声音太轻，我不得不老是叫他们重复所讲的话。他们的这些毛病都得改改。”

“有些职业需要从业者与客户打交道，另外一些职业则不必。如果你需要与客户打交道，你就应着力培养你的社交技能。”

“每个等待参加面试的人都会感到很大的压力，面试官们也不例外。你应当在面试中抓住每一个机会充分展示你的实力，万一出现了冷场或者尴尬的场面也要灵活地应付过去。”

3. 要诚实

“作为一个面试官，我很看重考生的诚信度。”

“如果他说话老是自相矛盾或者意图欺骗我的话，我肯定不会要他。”

4. 展示你最好的一面

“不管所从事的工作重不重要，应试人都应该外表干净整洁，但也不必打扮得太夸张。”

“你应慎重对待每一场面试。即使你平时不是很有风度，在面试时你也应表现出你的气度与机智。”

“我对于服饰的看法有点保守，我认为无论男女都不应穿得过于新潮或者花里胡哨的。”

5. 给人留下持久的印象

“我最重要的建议是你应做到一些最基本的东西。准时到场，行为得体有度。要表现出你对于招聘单位和招聘岗位的兴趣。”

“我要找的是具有独立思考能力而且勇于表达自己观点的人。”

“首先我会了解候选人的个人情况和具体的技能，然后我会刻意寻找那些潜在的能与客户进行流利顺畅沟通的人。”

“说话含糊不清，态度过于紧张，做太多的手势，这些都会让应试人失分。”

“关键是要有活力。你应当对自己有信心，对招聘岗位有强烈兴趣，你在生活中应当充满主动性。”

6. 要认真

“要不断学习经验。据我所知，有过 15 ~ 20 次面试经验的人往往做得更好。”

“面试是一个相当随机的过程，而且它的成败在很大程度上取决于面试官。根据我以往面试的经验，你可能在某一天会被录用，而次日参加面试则不会被录用，这取决于面试你的人是谁。要知道，每个面试官都有自己的兴趣偏好甚至偏见。所以碰到一次失败绝不要失望！”

“面试成功掌握好天时地利很重要，不要因为一次失败就垂头丧气。面试是求职过程中的一个步骤，失败了一次下次再来，要把握好时机。”

（二）应试人的建议

1. 有备无患

“关于招聘单位的信息我了解的渠道有商业期刊，公司的年度报告，以及与熟人聊天。”

“我以前对于招聘单位做过大量的研究。我很清楚它的运营情况。当然，你不能指望光从广告上就得到很多信息。”

“很幸运我以前在这家公司做过临时工，所以我不花很多力气就获得了大量有用信息。我和一些部门的员工有交情，所以我第一时间就知道了这个岗位的招聘信息。”

“面试中我对于第一个问题的回答非常重要。我知道他们会问我为什么我认为自己的资质符合这个招聘岗位。这将是我从事的第一个管理岗位工作，所以我把自己在以前工作岗位上所从事的所有管理工作都告诉了他们。”

“我把自己的既有经验与这份工作联系起来。我知道他们需要工作上的快手，所以我谈到了自己以前在报社出色完成任务的经历。”

“我要让他们确信我具备该岗位所需要的工作技能而且我具有一定的工作经验。”

“我在一家小公司工作。所以当我谈及我以前的经历时我提到了很多人的名字。这样他们就可以找很多人做我的证明人。”

“通常面试官会问一些内容宽泛的问题。你在回答每个问题时都可以尽量围绕你所具有的技能展开。”

2. 从面试中学习

“参加每一次面试都是一次学习的机会。”

“我以前没有面试经验，说得太多而且东拉西扯一大堆。我自顾自说，想要表现得很有幽默感，想讨人喜欢——这些都是我的缺点。”

“以前面试时有考官问我的最大优点和最大缺点是什么。我当时答不出来，事后我学会了对问答要预先做准备。”

“我以前面试时犯过的最大错误是当面对着考官说：‘我很聪明，你们应该录用我。’我试图把自己表现得很特殊。其实面试官可能比我更聪明，他们要招募的是那些能按照他们意愿做事的人，其他的人他们是没有兴趣注意的。”

“通过面试我学会了不因为失败而沮丧。刚开始时我很脆弱，一旦失败就不敢参加下一场面试。后来我告诉自己要坚持，总有一家单位会要我的。所以你应该记住，如果你没有得到某一份工作，是你的资质有欠缺而不是你这个人有问题。”

第四章

QIUZHI
MIANSHI
JIQIAO

应答全攻略

在面试中应试人的大部分注意力应集中于回答面试官提出的具体问题。在做面试准备时，你需要知道面试官最可能问什么问题，而你应如何做出最有效的回答。面试官要考查的是你的专长，能力，主动性，人际技能，决策能力，对工作的兴趣，个性和受人欢迎的程度。当你应答时你应表现出这些素质。他将通过你的表达来了解你的优势和弱点。你的答题效果将在很大程度上决定你是否会被邀参加后续面试并最终获得应聘。

一、掌握娴熟的倾听技巧

要恰如其分地回答问题取得面试的成功，倾听技巧非常重要。

在面试中面试官的第一个目标是建立与应试人的和谐关系，这样双方就能进行愉快的合作，顺畅地完成交际活动。而在其中应试人所能配合的一个重要方面就是认真地倾听面试官所讲的话。

当你用眼睛盯着对方的时候，他/她就知道你在对他/她倾听。对人类行为的研究表明，人们在倾听时比在说话时更容易用眼睛直视对方。如果你想在面试过程中显得舒适而放松的话，你该如何做呢？首先，你要坐在面对考官的地方；其次，你应看着考官的脸，特别要注意他的眼睛。这样一来就明摆着你是一位倾听者。

要倾听考官的最重要原因之一是你能够听清楚问题。那些不耐心倾听问题，没听清楚问题就仓促回答的应试人无一例外都会失败。他们不仅无法提供对方所需要的信息，而且表现出自己是不合格的交际者。比如，这个问题“请介绍一下你的上一份工作”与“你的上一份工作的主要职责是什么？”有很大的不同。如果不注意听，回答时就会出偏差。第一个问题是要你介绍这份工作的任何一个重要的方面，并把它和你应聘的工作联系起来。而第二个问题是要你用更为直接的事实来回答。

掌握倾听技巧的另一个重要方面是不要打断对方。有时候很难判断面试官是讲完了话还是停顿下来整理思绪或者喘口气。一般来讲，你可以通过观察他们来进行判断。如果他们把身子转向你，或者眼睛直盯着你，他们可能就在要求你回答。但是，如果他们眼睛望着远处或者看着他们的桌子，他们可能就在稍做停顿。

具体而言，你可以通过以下四个途径来掌握娴熟的倾听技巧：

（一）集中注意力

在实际面试中，集中注意力往往说起来容易做起来难。但你也要有信心能做到这一点。

你应全神贯注地注意对方。有意识地抛开任何干扰你的使你分心的东西。先入之见和负面的判断会干扰你客观倾听的能力。其他分心的东西包括一些环境因素。比如，房间里的温度或者说话人的外表。另外一些分心的因素在你心里，包括在对方讲完话之前思量着如何回答等。

下面是对你集中注意力的一些有益的建议：

- 看着说话人，把你的注意力只集中在说话人所处的那部分室内空间。
- 坐着时身子稍微向前倾来展示你的兴趣和注意力。
- 运用意志力排除环境和你内心的干扰。

如果你以这种方式来关注说话者，那么面试官就会认为你全神贯注，真正听懂了他的话，这样一来，你自己的回答就会更有力度和效果。

（二）概括说话人言辞

掌握倾听技巧的另外一个途径是概括说话人的言辞。听话人往往会在中途失去倾听的耐心，没等说话人把话讲完就把耳朵闭上了。这样一来，听话人就会遗漏对方的要点或者不能理解对方语气中的微妙含义。如果你想体会一下不同语气的区别，你可以试着分别用绝望的语气，爱慕的语气，受伤的语气，以及愤怒的语气说“得了吧”这三个字。

学会概括说话人刚刚说过的话是一项重要的技能。如果你能非常圆满地概括对方的话，就能赢得他/她的尊重和信赖。与此同时，你的回答也必然会更受重视。

你可以培养自己概括对方话语的习惯。比如，在和你的朋友聊天时，你可以询问他你是否可以重复他的话。如果他同意的话，你还可以让他补充你所遗漏的一些要点。这样的练习往往可以让你发现你确实在听话时有所遗漏！

你也可以通过收听新闻节目来操练自己概括信息的能力。尽力去概括每则新闻的要点。你可以一直做这样的练习直到你认为自己已经不会遗漏任何东西。

当然，在面试时你绝不要当着考官的面插话。

（三）做笔记

要成为一名优秀倾听者的另一种策略是在倾听时记笔记。在面试时记笔记有几大好处：

- 在面试时记笔记就是向考官无声地表达你很认真，很重视他讲的话。
- 有了这些笔记，当考官问你还有没有问题时就可以提出一些有分量的问题。
- 这些笔记对你面试结束后的后续活动大有帮助。你可以参考面试中涉及的话题与言辞进行恰当的回应。你后续的活动越细致越有礼数，你越可能给考官留下积极的印象。

尽管大多数的考官不会反对，你还是应该在做笔记前先征求他们的同意。

以下是对于面试中做笔记的一些建议：

- 征求考官的同意。
- 要谨慎。拿纸笔时动静不要太大。
- 保持目光的接触。即使你在记笔记时，眼睛也要经常看着考官。不要让你的身体语言给考官留下这样的印象，即记笔记的过程比倾听考官更重要。
- 不要让你的笔记使考官分心。如果有这个苗头的话，你就停止记笔记。你只需记下最重要的词语和问题，不要记整个句子。

(四) 要求反馈

你可能认为你的听力水平很高，但说话人可能并不这么认为。如果你有足够的勇气改善你的倾听技能，要求反馈是一项极好的途径。

面试官不应是你要求反馈的第一对象。你有不止一种途径来获得反馈。你可以尝试以下任何一种：

- 问一位好朋友是否别人认为你是一个优秀的倾听者。征求他们改善听力技巧的建议。
- 在单位工作会议之后，对会上提出的问题与要点写一份总结。
- 让一位朋友把报纸上的社论读给你听。你则归纳概括文章的信息与要点。

二、积极稳妥地应答

你每次回答问题时，都要灵活应对你的听众，并用积极的形式和内容表达出来。所谓积极的形式和内容就是尽量避免消极，尽可能展现你积极的一面。

(一) 使用积极的语言形式

在面试中使用积极的语言形式将大大有利于你的形象。首先是名字。我们每个人都喜欢别人以名字相称。你应设法了解考官的名字，在和考官交流时适当地使用。你可以使用考官的头衔和姓，如方总，周教授。但不要直接称呼考官的名字。

第二种积极的语言形式存在于你的问答方式当中。譬如，你不要问“某某岗位的职责是什么?”而要问“我的职责是什么?”这种发问形式微妙地传达出你对于工作岗位的积极态度。

第三，不要使用试探性的犹豫不决的词汇，例如“我认为”，“我猜”，或者“我觉得”。如果你过度使用这些词汇，你就会给考官留下不好的印象。研究表明女性比男性使用这些词汇更频繁。如果你想展现你是一个思路清晰、行为果断的员工，你就不要使用这些词汇。

大多数人都能掌握这些积极的语言形式。但你需要在面试之前几个星期甚至几个月就及早准备改正你以前不好的表达习惯。

(二) 灵活应对你的听众

聪明的演讲者往往在开始演讲之前就分析他们的听众和所处的环境。而应试人也应该这么做。你应该根据不同的面试官来调整你的语言。如果面试官是来自于招聘单位的人事部门不具备你专业领域的背景，你使用的语言应当技术性不要太强。如果面试官是一位具有专业技术背景的人士，你可以使用招聘岗位相关的语汇来增加他们对你专长的认同。但不要过度使用。

通过分析面试情境你可以了解在面试中应试人既不应过度谦虚，也不要夸夸其谈。你所要做的就是积极展示你的实力，技能和成就。因此，要积极地介绍自己。要知道，考官想更多地了解你，特别是你具备的潜在价值。你向考官传达的信息越积极，你在最终招聘决定中的地位就会越巩固，且在你陈述自己的技能或成就时，你应尽量使用例证。你能举例说明你如何在以前的工作中增加产量吗？你能描述一下你取得年度销售奖的情况吗？你能用数字说明一下你在以前的公司如何使客户投诉额下降吗?

如果你能用实际例子来支持你的陈述，你就比其他没有例证的应试人多了几分优势。举例说明有几大好处，如帮助阐明你的观点，充实你的话题，使考官以后能清楚回忆并能增加他们的兴趣。

你也可以使用例证来强调你的成就。一方面你可以在简历中使用一些例证；另一方面你可以在实际面试中使用更多的例证来具体说明你的成就。

很多人在参加面试之前常常会问“我该诚实到何种程度?”大多数应试人的背景中都有一些不利因素，如果被面试官知道，就可能会让他们求职失败。所以他们对这些不利因素都感到很矛盾。我们的建议是，你应当诚实，而不该愚蠢。换句话说，如果考官直接问你原先你不愿说的东西，你就如实回答，但要强调积极的一面。你在任何情况下都不要主动提起你自身的不利因素或者弱点。

(三) 使用积极的内容

你回答的内容应当用积极的方式表达出来。比如，你应当向面试官讲述你积极的业余爱好。这是因为很多考官偏爱游泳，网球，跑步之类的动态爱好。他们不喜欢阅读和集邮之类的静态爱好。

考官会设计一些具体的面试问题来考查你的知识，能力，主动性，优势和弱点。你在回答中应该尽可能多地使用积极的内容。考官的目标在某种程度上可能是消极的，他可能想找出不聘用你的理由。一个隐而不发的问题往往是“你的弱点有哪些”。

你应当一律使用积极的内容来答题。避免使用“不能”，“不会”和“没有”之类的消极词汇。这些词汇会使考官对你留下消极印象。譬如，我们可以看一下下面这个面试问题的两种不同回答。

问题：你为什么主修工商管理?

回答一：说来话长。我当时想主修历史的，但我的父母告诉我，如果要他们负担学费的话，我就不能读那些无用的学科。我尝试念政治学，生物学和会计学，但我对这些都不喜欢。工商管理对我来说不太难。除了历史之外我想不出其他任何我更喜欢的学科。如今学工商管理算不错的了。

回答二：我一直喜欢商业而且想把它变成我的终身职业。少年时期我就挨家挨户地卖过书，而且是学生创业协会的会员。念大学时我在两三家小公司打工。我觉得自己好像从小到大一直在经商。我对商业很有天赋，我很喜欢经商。主修工商管理使我进一步增强了经商的信念。这给了我更好的方向。我想要应聘一家具有发展潜力的小型公司使我能够运用自己的能力规划和执行营销策略。

尽管第一个回答讲的是大实话，但它展示的是一个凌乱消极的应试者形象。第二个回答也是陈述了事实，但它通过表达应试人的实力、目标和热情而强调了积极的一面。

下面再来看另外一个例子：

问题：你为什么想辞去你现在的工作？

回答一：在那里工作三年之后，我感到自己待的不是地方。公司员工的士气不高，管理层没有好好奖励我们的生产积极性。我一点也不想再在那里干了。

回答二：在那里工作三年之后，我对于管理员工和开发新的市场学到了很多知识。因此我应该适时地跳槽到一家更有发展前途的大公司，在多个不同领域中应用我的营销经验。我也准备承担更多的责任。这次换岗会成为我职业历程中积极的一步。

同样，第一个回答传达出太多的消极因素。第二个回答在讲述应试人的技能，成就和未来计划时表达出积极乐观的心态。

应试人在回答大多数面试问题时，如果使用积极的语言就会给人留下积极的印象。积极的语言可以展示你的实力，目标和热情。如果你觉得自己需要通过练习来掌握积极回答面试问题的方法，你可以查看一下本章的其余部分所给出的例子。思考一下对每个问题所给出积极的回答。你也可以让你的家人或者朋友向你提问。你可以用磁带录音机把自己的模拟面试录下来然后研究一下你的回答。

你给出的答案在形式和内容两方面都积极吗？它们能传达出你的实力，目标和热情吗？你使用具体的例子来证实自己的成就了吗？你应反复操练，直到对每一个面试问题都能自动给出积极如实的回答。

三、如何就自身弱点作出回答

(一) 谈论你的弱点

没有一个求职者是完美的。在面试中应试人总想尽力展现自己的优势，而考官则希望能找到应试人的弱点来进行更好的筛选与淘汰。应试人的弱点主要涉及三个领域：教育背景，工作经历与工作技能。如果你在任一方面的资质不够，你被录用的可能性就会打折扣。你的教育水平可能过高或者过低，或者你有失业的经历，或者招聘单位认为你年纪过大或过小。有些东西你是无法改变的，但你有责任使消极因素的影响降到最低。比如，如果你的教育水平不够，你可以通过强调你的经验与技能来弥补。

根据调查，大约80%的应试人无法圆满地回答和弱点相关的面试问题。每个人的弱点都不尽相同。如果求职者无法回答这些弱点问题，即使他们的工作能力再强也不会被聘用。

有时候面试官会直接问你：“你有哪些弱点?”你应做好准备，给他一个积极的回答。你可以使用以下任何一种方式来回答：

1. 谈论一个与招聘岗位无关的弱点：

我不喜欢做账。我知道这很重要，可这令我头疼。我们家是我妻子管账。我喜欢干的是营销。别人做账比我拿手得多。我很高兴这项工作不需要做任何账！

2. 谈论一个面试官已经知道的弱点：

在我的简历中已经记载了我以前花了很多时间攻读的高级学位，所以我没有太多的工作经历。但是，我认为我受过的教育使我能胜任这项工作。我在大学时的领导经验教会我如何与人合作，如何组织，以及如何解决问题。我能写得又好又快。我的研究经验有助于我分析，综合和开发策略。

3. 谈论一个你已经改进的弱点：

我以前工作杂乱无序，有时无法按期完成任务。后来我看了一本关于时间管理的书明白了自己的错误。我花了三个星期重新安排自己的时间，结果我发现自己几乎不用费什么力就能如期完成工作。我的工作质量获得了改善。现在我每天有时间去健身了。我现在在干更多的工作而且自我感觉更好了。

4. 谈论一个也可以被视为优点的弱点：

我有点像工作狂。我喜欢我的工作，但有时候会因此忽视我的家庭。我一周工作 7 天，一天工作 12 个小时。我正在学习更好地安排自己的时间和生活。

(二) 有针对性地进行回答

应试人在面试中应当就以下几个方面的可能的弱点问题作出积极的回答：

1. 被解雇

每年有很多人被解雇，这会严重影响他们以后的就业机会。很多招聘主管对被解雇者都有某种担心。当然，如果你因为某种正当理由被解雇，你就需要从自己的失败经历中吸取教训，改变自己的行为或者考虑换行。但是，在大多数情况下被解雇者对于自身再就业的阻碍要大过被解雇本身。

如果你不知道如何解释你的处境，你的面试就不会成功。很多有被解雇经历的求职者由于喜欢遮遮掩掩往往给招聘单位留下一个印象，即他们在以前的岗位上很不称职或者人本身有问题。

许多招聘主管都希望求职者能明确说明他们以前被解雇的原因。他们需要认定你在未来的工作岗位上会不会成为一个问题员工。你如果想被录用就必须正面对待这个问题。实际上，很多招聘主管自己也跳过槽。如果你对自己的经历有一个合理的解释，很多面试官都是会理解的。

所以如果你被解雇了，最好的办法就是实话实说。不要攻击你以前工作的单位。好好考虑用积极的方式进行解释。你可以明确说你不是一个问题员工，也可以介绍一下你与应聘岗位相关的专长与技能。你要客观讲述在你以前工作岗位上所发生的事情，适度地承担责任，然后重点展示你符合新岗位的相关技能。

2. 有过失业的经历

失业不是罪恶，但失业会带来很多问题。比如在面试中你必须使考官相信聘用你不会给他们单位造成风险。如果你失业了半年，九个月，甚至更长时间，考官就会以特殊的眼光来看待你。他可能会想："这个人失业六个月都无所谓。如果我们聘用了他，万一他工作三四个月之后想再次离职呢？我们单位可经不起折腾！"

如果你有合理的理由来解释你的离职经历，比如上学或者生孩子，你就对面试官实话实说，你不需要道歉或者感到自卑。

你也可以这样向考官讲述你的失业经历："我以前不知道找工作有多难。我上次离职后休息了几星期，然后开始四处找工作参加各种面试。后来找到了一些机会但都没有谈成（如果你能具体讲出你当时应聘单位的名称，你的话就会显得更可信）。不过，由于我以前没有求职的经验，求职过程就对我特别难。在过去两个月里，我努力找工作，参加了两个单位的面试，但都没有被录用。回顾起来，我对职场的艰难估计不足。说实在的，我需要这份工作。我可以成为一名出色的员工……"然后你再积极地向招聘单位推销你自己。

你应尽量强调你寻找职业的迫切性而且你有充分的能力把新工作干好。

需要指出的是，有时在面试中你只需说明工作经历中的年份而不需要说出具体的月份。这可以避免突出短暂的失业经历。例如，如果一位考官问你在餐饮行业工作的时间，你可以回答"从2003年到2005年”而不用说“从2003年9月到2005年6月”。当然，如果考官一定要你说出具体月份，你就不妨说明一下。

3. 跳槽过于频繁

如果你在过去三年里干过三份以上工作的话，面试官可能会认为你跳槽过于频繁，从而对你有所担心。

对于这个问题，你可以这样回答：“我知道自己在过去几年里干过太多的工作。其实我自己也不愿这样老是跳槽。不过，我从不同的工作中学到了很多东西。我觉得我能把应聘岗位的工作做好，而且我已决心在这个岗位上工作至少五年到七年。”

你可以具体说明一下你以前干过的工作，并表达出你签订长期合同的愿望。

你可以试着从面试官的角度来考虑你的跳槽问题，尽量给他留下你很可靠的印象，并全力证明你对于招聘单位的价值。

4. 转行

首先你要搞清楚的是，能否成功转行和国家整体经济形势有关。在经济景气时期，工作岗位较多而求职者相对较少。很多公司由于招不到经验丰富的专业人才就退而求其次，愿意聘用新手再对其进行培训。这时转行就比较容易。而在经济不景气时期则正好相反，工作岗位较少而求职者相对较多。转行自然就不太容易。

如果你从一个行业跳到另一个行业单位参加面试，考官可能会很有兴趣对你进行全面了解。你应做好准备，着力指出你针对应聘岗位所具备的相关技能。比如，一位想成为房地产公司销售代表的教师可以强调她具有投资房产的习惯。她也可以强调自己的交际能力和在教室中激发学生的能力。

你也可以考察一下你以前工作和现在应聘工作的内容相近之处，然后发现你所具备的融通于这两项工作的相关能力并在面试中加以强调。

5. 年纪太大

三十五岁以上的求职者往往比年轻人更难找到工作。这些人包括很多资深经理，技术人员以及贸易，制造等各行业的专业人士。他们往往由于公司裁员等非个人因素而失去工作。他们中的三分之一最后会获得更好的工作和更高的薪水；另三分之一会获得与以前工作大致相当的薪水；而其余的三分之一则会景况大不如前。

为什么年长的求职者会更难找到工作？乍看原因很简单。很多年长的求职者跟不上最新的技术发展，他们的技能已经过时。而年轻的求职者往往受过更好的训练，具备更佳的技能，因此在职场竞争中比前者更具优势。其实还有其他原因如涉及工资水平和老板的观念。

更有经验的员工往往获得更高的工资。在职人士都知道，对于高薪工作的竞争往往很激烈。失业统计数据显示，你要挣更多的钱，就需要花更长时间找工作。通常的潜规则是，你期望的年薪中每多挣一万元，你就要多花一个月找工作。如果你要找一份年薪五万的工作，你就得花上五个月的时间。当然，具体情况会因为社会失业率和总体经济的景气水平而有所变化，但这个规则在大体上是合理的。

在招募新员工时，大多数招聘单位都不太愿意录用那些以前有较高工资的人。为什么？因为招聘单位担心如果员工在新岗位上比过去挣的少的话他就会不太满意，很可能一碰到更高薪水的工作就马上跳槽。老板更愿招聘年轻员工的原因之一就是他们认为年轻人会更满意他们所得到的工资水平。另外，过去十年尽管一些小公司提供了很多的就业岗位，但它们付不起大公司所能提供的工资。

如果你是一位年长的求职者，你应对自身条件有清醒的认识，切不可有过于消极的想法。在招聘面试中有很多方法来强调你的经验和技能，下面是一些小建议：

- 强调你的长期经验，不要掩饰。
- 在面试中举很多的例子来说明你在职业生涯中阅历丰富，有很多成就和成功经验。
- 阐明你充分了解应聘的工作；你将会干得得心应手。

◆ 使面试官相信你确实想干这份工作；你不是干等着退休。

◆ 可能的话可以提一下你的电脑技能，表明你跟得上新技术的发展。或者提一下你喜欢的体育运动项目，表明你的精力仍然充沛。

◆ 但最重要的是强调你能为公司创造的价值。

6. 资历过高

由于高等教育的普及化，很多大学毕业生被迫从事低于自己教育水平的工作。

不少招聘单位认为员工资历过高也是个问题。他们可能担心你对现在的工作不满意，所以你可能会很快另谋高就。

有的高资历员工对自己的定位不太现实，想尽快爬上去。也有的认为自己在单位里是大材小用。如果你在求职时有这样的想法，这对你不会有什么好处。

严峻的就业形势使越来越多的人从事着低于自己资历的工作。如果你在求职时有意应聘这样的工作，你可以考虑在简历或者面试中不提及你的某些教育背景或者相关的工作资历——但也不一定要这么做。你要在面试中说明你为什么想要这份工作并且使考官相信你不会很快跳槽。你要表现出你对于公司未来的热情，提出自己在这个岗位上的具体成长目标。你也可以说明你将对公司的发展做出多方面的贡献。

7. 过于年轻

每年全国的报纸都会报道大学毕业生所面临的严峻就业形势。这个问题应该从两方面来看。一方面，确实有不少毕业生找不到理想工作。但另一方面，很多经验丰富的职场中人也深感就业的压力。

现在的大学毕业生应多考虑到中小企业去就业，因为它们提供的岗位比大公司要多得多，而且更愿意让大学生参与新的项目，从而使他们获得更好的锻炼机会。

很多大学生认为他们必须把握自己的职业生涯，做出自己的决定。在一项调查中超过 80% 的大学生认为影响他们职业选择的最主要的因素是他们自己的兴趣和能力。其他传统影响因素，如家庭压力，预期薪水和机遇的重要性已大为降低。

年轻人尽管缺乏经验，但他们往往比年长的求职者更容易跟上最新技术的发展潮流。所以你在面试中应该着重强调你在大学里掌握的技术专长以及你的各项适应性技能。另外，你也可以告诉面试官你愿意比年长的求职者干得更多，拿得更少；你愿意在晚上和周末加班或者能够适应经常出差的岗位需求。这可以增加你被录用的可能性。

8. 女性求职者

近几十年来妇女在职场中的地位大有提高，越来越多的女性担当起高级管理人员和专业技术人员的角色，也有越来越多的女性从事起以前专属于男性的职业。但与此同时，由于女性自身的生理特点和扮演的社会角色，很多招聘单位对使用女性员工心存顾虑。

招聘单位认为女性员工通常都会碰到生养孩子的问题，所以这或多或少对她们的工作会有影响。对于所有的职业女性来说，一边在职场打拼一边在家里充当贤妻良母会使她们承受巨大的压力。

在面试中女性求职者应尽力使招聘单位相信她们在顾家的同时会对工作保持足够的投人。比如已婚妇女可以这样说："我可以告诉你我有一个×岁大的孩子。不过我可以处理好孩子和工作的关系。即使孩子生病了，我也能正常上班。"而有的求职者说得更好："我有两个小孩，我妈妈在家照顾他们。所以孩子一点也不会影响我的工作。"

在面试中不要抱怨你跳槽是因为在现在和以前的岗位上你作为女性缺少机会。不要让招聘单位怀疑你的能力。

四、实际问答举例

在面试中考官会就你的背景，个性，经验，知识，技能，能力，成就和目标等方面提出很多问题对你进行考查。尽管不同考官所问的内容会不尽相同，下面所列的一些问题还是会在大多数面试中出现。本书给出了很多问题的应答示例。你在参考相关案例的同时，应当根据所参加面试的具体情况进行适当的调整和变通而不要直接背答案。

（一）教育背景

如果被问到“你为什么读某某专业？”你可以这样来回答：

我选择历史学是因为我一直欣赏历史学具有严谨的传统来分析事件，构建理论，从事研究和书写报告。可能很多人会认为这是一个没有什么用处的学科，但我认为修读历史使我为从事向往的职业做好了充分的准备。念历史确实帮助我养成了一些良好的研究和写作技能，包括使用电脑的技能。我能够迅速地分析问题，合理地安排时间进度指导小组讨论以实现问题的解决。

其他你会被问到的教育背景问题可能会涉及你的成就，学业成绩和你对未来的安排。考官可能会问：

如果让你从头再来的话，你会对你的大学教育做哪些改进？

这个问题考查的是你对总体情况的判断力，包括选择专业，修读课程，以及参与校园生活。它也可以考查你对自己在大学期间学习情况的基本把握。你既可以用积极的方式也可以用消极的方式来回答这个问题。当然我们建议你强调积极的一面。如果你的学习成绩不太好而考官已经对此有所了解的话，你可以用适当的表达尽量使你的消极面以积极的形式表现出来：

如果让我从头再来的话，我会在大学的头两年花更多的时间培养自己良好的学习能力。在念大一大二时我参与了很多的课外活动，这严重影响了我的学习成绩。不过我在大三时真正用功读书了，所以我的成绩又有大幅度提高。要是我在大一大二时有那么用功就好了。

这个回答表明你承认自己的学习成绩不好，同时你也有能力通过用功提高自己的成绩。

另一方面，如果面试官知道你的学习成绩不太好，可能会就这一点向你发问：

很明显你在念大学时不是很优秀。你为什么学习成绩不好呢？

尽管你的学习成绩确实不好，此时你也不能把自己的弱点全盘托出。如果你回答“我真的不知道”，就说明你缺乏自知之明。正确的回答策略还是强调积极的一面。你可以采用与回答上一个问题相同的策略——在大学头两年你确实不太用功，但你在后两年里勤奋努力成绩大有提高。你也可以使用下面的回答方法：

念大学对我来说挺不容易。我是我们家第一个念大学的人。我在大学四年只获得过一项小额奖学金，所以我一边修读课程一边打工来挣我80%的学费。我希望我当时有更多的时间花在学习上，可是我在外面兼职每周要工作30个小时。大一大二时我的辅修科目确实念得不好。可是我也有一门主课得过高分。

面试官们也很想了解你在念大学期间参加课外活动的情况。这可以使他们了解你的个性，领导能力和活跃程度。你也许会碰到这些问题：

- 你在读大学期间参加过哪些课外活动？
- 我注意到你当过学生报纸的编辑。能介绍一下你的工作吗？
- 你上大学时是否参加过很多学生社团？你对哪一个最感兴趣？对哪一个最不感兴趣？你在社团中担任过什么角色？
- 你在大学里担任过什么领导职务？
- 你上大学时打过工吗？是全职工作还是兼职工作？

在回答这些问题时，你应针对考官关注的要点来陈述你的具体经历，使他相信你是应聘岗位的最合适人选。你要通过你的课外活动来展示你的领导能力，参与行为和办事能力。面试官往往善于通过你讲述的信息来预测你在未来工作岗位中的可能表现。你应说明你在大学里除了学好功课之外还掌握了其他的技能，取得了其他的成就。你不是一个只会念死书的书呆子。

最后，考官可能还想请你谈谈你如何看待自身教育经历和应聘岗位之间的关系：

你的大学学业对你应聘这个岗位有什么帮助？

在回答这个问题时，你应强调你在大学掌握的知识，技能和能力与应聘工作有直接或间接的相关性。不要对你学习的课程谈得过多，考官们更感兴趣的是你将如何通过使用在学校里掌握的具体的职业相关技能来为应聘单位工作。他们希望优秀的应聘者应当具备良好的交际能力，分析能力和解决问题的能力，以及必要的适应能力，学习能力和热情。更重要的是，他们需要应聘者具有活力和干劲。所以，你在讲述你的大学经历时应该突出这些关键的技能和素质。比如，大学教育使你具备更强的口头交际能力和书面交际能力吗？参与学生管理或者体育运动之类的课外活动培养你解决问题的能力或者领导能力了吗？你有足够的活力和干劲应对新的工作任务吗？你有开放的心态来学习新鲜事物吗？你善于和别人，尤其是和领导和谐相处吗？在回答所有这些问题时，你都应围绕应聘工作强调你掌握的相关技能。

如果你大学毕业已经好几年，具备了相应的工作经验，面试官就不会对你的教育背景询问过多。他会主要关注你的工作经验或者你的教育背景对你所从事职业的影响。他会这样来问：

- ◆ 你为什么选择念某某大学？
- ◆ 你攻读的专业与你毕业后的工作有何关联？
- ◆ 我注意到你有工商管理硕士学位。你对于和拥有工商管理硕士学位的同事一起工作怎么看？他们确实像很多人认为的那么敏锐吗？
- ◆ 我发现你在大学念的是历史专业，但是在过去十五年里你从事的是药品销售工作。你认为你当时念历史专业是个错误吗？
- ◆ 如果让你从头再来的话，你会选择什么专业，攻读何种学位？
- ◆ 你是否打算在未来几年里再修读一些研究生课程？
- ◆ 你是否考虑过通过重回学校攻读新的学位来转行？如果你有机会离岗两年回大学做一个全日制学生你将如何安排学业？

如果你毕业已经好几年了，面试官可能想了解你在近几年的进修培训情况。他可能想发现你是否愿意主动在自己的职业领域更新知识学习新的技能。考官可能会问你以下一些问题：

◆ 你是否定期参加公司主办的进修培训项目？你能否详细说明你参加过哪些项目，每次多长时间，你觉得你学到了哪些东西？
◆ 如果你可以选择参加三个不同的一周培训项目，你认为哪些项目会使你获益最大？为什么？
◆ 你说过你不懂怎么使用 Word 和 Excel。本公司的每个人都会使用这些软件。你打算马上学习吗？
◆ 你每个月花多长时间学习你职业领域的新知识技能？
◆ 你定期订阅哪种行业刊物？
◆ 你每年参加多少专业会议或者讨论会？今年你打算参加哪些？
◆ 你在未来五年里的进修目标是什么？

你应当尽可能用积极的方式来回答这些问题。招聘单位总是想聘用那些能够不断学习并适应本领域发展变化的员工。

面试官也可能会问你以下一些问题：

◆ 你念书时如何筹措学费？
◆ 你以前为什么不念大学？
◆ 你为什么不继续攻读研究生？
◆ 你为什么从大学退学？
◆ 你为什么决定在上大学前参军？
◆ 你不喜欢学校生活的哪些方面？
◆ 你在暑假通常做些什么？
◆ 你最喜欢的老师是谁？他/她和其他老师有什么不同？
◆ 你以前为什么不多参加一些课外活动？
◆ 你认为你的学业成绩可以反映出你的职业表现吗？

(二) 职业理想

◆ 你在工作中想得到什么？

很明显，在回答这个问题时，你的答案应当与你申请的工作相关。大致上，你可以这么说：

在我干过的几乎所有工作中，我都很高兴能获得学习提高的机会。

◆ 你对于将来有什么计划？

这个问题是要考查你的工作动机。招聘单位想了解你是否能胜任岗位而且努力工作。你最好能够如实回答这个问题。同样，你不该流露消极的信息，而是应当以直接积极的方式应对考官的关注。考官会关注哪些问题取决于你详细的背景情况。比如，你可以这样来回答：

我想我需要在这个职业领域站稳脚跟。我希望现在就开始努力。我了解自己的理想，相信我的技能在这一领域将大有作为。譬如，我擅长与人打交道。我以前干的一个岗位就是每周向一千多个不同的人提供服务。在我从事那个岗位的 18 个月里，我服务过 72000 多个顾客而且一次也没有接到过投诉。实际上，我的服务经常受到顾客的表扬。从中我领悟到我喜欢与人交际，因此我对于自己从事这项工作很满足。我想进一步学习业务，发展自我。随着我在公司的贡献和价值的增加，我希望能被安排负责更重要的岗位。

◆ 你从以前的工作中学到的最重要的东西是什么？

你应把任务/技能因素与人际因素结合起来讲。如果你应聘的工作需要使用与你过去的工作不一样的技能，你就只强调你所学到的人际能力，不管它是使员工保持高昂士气完成工作的管理能力还是听从指令与员工合作的能力。

◆ 我们为什么该聘用你？

考官问这个问题是想了解你在该单位求职的真正动机。乍一听这个问题你可能会有点茫然失措，但根据我们在前面讨论的原则这也可以被视为最容易回答的问题之一。你应当强调你的技能与能力和招聘单位需求的相关性。你应该亮出你的实力。讲得越具体越好。比如：

我想你们寻找的是在汽车部件营销方面具有卓著纪录的员工。我具有在国产和进口汽车部件营销方面 12 年的连续经验来从事这项工作。我从事上一份工作时，在过去五年中每年使销售额增加 20%。我连续的业绩表现为很多的招聘单位所欣赏，包括你们的竞争对手。我想你们公司也可能会持欣赏的态度吧。

◆ 你工作中的激励因素是什么？

你要再次强调与工作相关的业绩标准而不是其他的动机标准。比如，你可以说：

真正激励我的因素是工作本身。我真的喜欢我的工作，特别是当我看到工作成果——销售额实际增长的时候。比起岗位职责来我更看重的是工作成果。

◆ 你为什么想到某某公司工作？

这个问题和前面那个询问他们为什么要聘用你的问题非常相似。你可以结合招聘单位的需求再次强调你所具备的工作技能和能力。你也可以强调该公司对于你的职业目标的重要性。

我非常羡慕你们的公司。过去七年我一直在你们的对手公司工作，我有机会定期评估你们的业绩，有时候可以比你们的营销团队做得更好。我认为你们在这个行业提供的服务是最好的。我也认为我具备的经验和技能使我有资格成为你们营销团队的杰出一员。在未来数月有两个新的竞争对手将进入你们的南方市场。以我对原来公司的深入了解，再加上我的能力，我的加盟一定会进一步增强你们的营销实力。

◆ 你选择成为____的原因是什么？

你的具体职业头衔是什么无关紧要。重要的是你必须指出你对于自己职业的某些方面一直具有某种爱好或者热情。可能你是在你的老师或者父母的指点下从事某种行业。不管你干的是什么工作，你千万不要说你是盲目干上这份工作或者你找不到其他更好的工作来干。

◆ 你为什么想辞去你现在的工作？你以前离职的原因又是什么？

不管你当时的处境有多么消极，在回答这两个问题时你都应该给出积极而非消极的理由。如果你当时是被迫辞职或者因为其他不愉快的原因而离职，你都应该说得尽量积极一点。你可以采用“进一步发展职业”或者“寻找新的挑战”之类的说法。千万不要使用消极的措辞。比如，你可以这么说：

我在以前的一个职业连续干了四年后辞了职。作为一家小公司，它几乎没有给我提供什么职业发展的机会。我觉得我在那里干的时间已经足够长了，于是决定离开去开拓新的职业空间。

◆ 你为什么那么频繁地跳槽?

◆ 你为什么会选择留在这里?

尽管现在员工与公司签订的合同普遍要比十年二十年前短得多，招聘单位还是不太愿意雇用那些跳槽过于频繁的人。尤其是当员工缺乏正当的理由而跳槽时更是如此。聘用和培训员工是公司作出的投资。公司希望根据支出得到合理的回报。在回答时你应强调以前促使你跳槽的原因已经不存在了或者强调你新应聘的工作有促使你稳定下来的足够理由。强调你希望在新工作岗位上长期干下去的决心。比如一种可行的说法是：

确实我在大学毕业后干的头三份工作时间都不长。当时我接受的岗位都是在非常小的公司。每次我通过学习都很快掌握了技能，但是这三份工作都没有发展的余地。我变得没有什么前途。这次求职我把目标确定在你们公司。因为你们是一家大公司，有足够的空间供我发展，同时我可以不断增长才干。

◆ 为什么你想要一份低于你的资质的工作?

如果你应聘一份低于你的资质的工作，别人就会问你其中的原因。实际上，很多招聘单位不愿意雇用那些资质过高的人。你必须为你的选择想出一个充分的理由。毕竟，如果你资质过高，你就可能会很快离职另谋高就，从而单位需要另外找人来填补你的空缺。你可以这么解释：

我知道对于这个岗位可能我的资质过高了。有些单位可能不愿意聘用我因为他们担心我会不高兴而很快离职。然而，我来应聘是经过一番深思熟虑的。我确实对这个岗位感兴趣，而且我相信我能给这个工作带来别人所不能带来的东西。我承诺在这个岗位上至少工作八年。我认为在这段时间里由于我特殊的兴趣和技能这个岗位将会有良性的发展。我也相信你会乐于和我共事。

◆ 你愿意接受比你目前/最近的工作更少的工资吗？为什么？

你应慎重对待这个问题。实际上这个问题应该在面试的工资协商阶段谈才合适。如果面试官提前问你这个问题，你应当暂时把它搁置一下。你的目标是了解应聘岗位的价值同时使招聘单位了解你的身价。面试官突然发问的目的可能是向你施加压力或者降低你对薪水的期望值。对于这个问题的最好回答方式是使它尽可能不违背你的自身利益：

我想我们还未到讨论薪水问题的时候。我需要进一步了解这个岗位：它的职责、预期业绩，以及其他内容。同时你对我还了解得不够多。我们能否在对彼此做进一步了解之后再来讨论这个问题？我认为现在我应该得到和我的身价相当的薪水。你会同意这一看法，是吗？

如果这种方法不灵而考官坚持要你表态的话，你应把握好薪水问题，从你的角度来询问下面几个问题：

你们单位和我资历相同的员工通常的工资是多少？你们向这个岗位的前任付多少工资？为什么你们的工资要低于行业水平？有其他员工愿意少拿钱进入你们单位吗？

◆ 你希望在我们公司待多长时间？

你可以用和回答前面一个问题同样的方式来回答这个问题。回答的底线是“只要你们双方都满意这种安排”。

◆ 你对成功的定义是什么？

在回答这个问题时你不要做深刻的内省，也不要单单从自我的角度来进行思考。你要把个人的目标和公司的目标结合起来。

对我来说成功就是每天及时准确地完成工作。这样公司的目标就能够被实现。当然，根据工作业绩获得报酬也很重要。这样我就能尽到对家庭的经济责任。

◆ 业余时间你如何消遣？

招聘单位通过这个问题想了解你的活跃程度，参与社会活动的程度，以及是否是一个义务工作者。考虑一下你对于这家公司和这位面试官所掌握的信息。从你的业余爱好中挑选一些你认为最适合这项工作或者最符合公司形象的话题来谈。小心不要提及太多的兴趣——毕竟你必须保留一些精力来干活！

我喜欢在晴天去露营和远足。它使我有机会消除一周工作所带来的心理负担。所以每星期一我都能头脑清醒精力充沛地重返工作岗位。

◆ 介绍一下你的职业目标。

这个开放式问题是让你谈一下自己的目标。如果你有完整的自我评价并且在简历中陈述过自己的职业目标，这个问题就很好回答。你应当把你的技能与能力和招聘单位的需求联系起来：

我的主要目标是进入管理岗位，通过和最高管理层密切合作，开发出在欧洲和中东推销我们的软件系统的新方法。我认为这家公司的产品很好，能在上述地区和其他海外市场取得良好的销售业绩。我的国际营销背景对于开辟这些市场将有所帮助。

◆ 在未来十年你将实现什么目标？

同样，你的回答应以招聘单位为中心而不要以自我为中心。你应当表示你的目标与公司的目标一致。比如，你可以这么回答：

我希望看到公司从海外市场获得 40% 的销售收入。我也希望在未来十年开发这些市场的过程中扮演主要角色。我希望今年公司能从一个真正全球化的角度来重新制订它的营销方案，这样在 2013 年我们就能实现自己的目标。

◆ 你目前的职业目标与你十年之前的职业目标有何不同？

你的回答应当表明在十年过程中你学到了知识也有所发展。经验教会你在面对新的现实时调整自己的目标。在回答这个问题时，你应当给出例子说明你的目标发生了哪些变化以及这些变化对你产生了哪些影响：

十年前当我刚刚进入这个行业时，我有一个非常简单的目标——努力做到启亚公司的最高层。然而，我对于这个行业在面临新的技术和更加激烈的竞争时所发生的迅速变化几乎一无所知。在我工作三年后，启亚公司被恒通公司收购，但最终恒通公司也破了产。与此同时，我受雇于另外两家公司并且进入了中层管理岗位。鉴于现在迅速变化的工作性质，我很快领悟到我原来的职业目标是不现实的。我想我现在的职业目标更加现实了——我在做我真正喜欢的工作，生产高质量的音响系统。所以现在我对于自己的职业要比五年或者十年前满意得多。

◆ 你认为自己五年后会在公司有何发展？

同样，你的回答应当围绕招聘单位的需求展开。当然，你不能说大话。如果你表示希望成为公司未来的董事长，就会显得狂妄自大而且对别人构成不必要的威胁。你可以这么回答：

我希望自己五年后能成为公司的营销主管。我觉得我有必要的技能和经验来承担这一职位。

◆ 描述一项你最近为自己设定的主要目标。

你可以选一项个人目标或者职业目标来讲。但是如果你要谈的是个人目标，你应当把它和你的职业发展联系起来，这样你就会在面试中处于更有利的地位。如果你说“我想完成我的学士学位”，这就是一个有利于你的职业发展的个人目标。你也可以说“我想找一个适合我的工作”。你应做好准备向面试官进一步解释你现在正在如何努力来实现这一目标。

◆ 你有没有想过转行？

面试官问你这个问题可能是想了解你是否专注于现在的工作岗位。你最好回答你现在不想转行。比如，你可以这么说：

实际上七年前我转过行。我以前是一位中学教师。但是，教了七年书之后我觉得我应该从事一份新的工作。在寻找工作的过程中，我对自己进行了一次自我评估，结果我发现我可能最适合从事推销工作。推销是另一种形式的教学，但是在推销中我能马上获得反馈并看到效果。我对这次转行从未感到遗憾，我对自己在过去七年从事推销工作感到非常满意。我打算继续干推销。

（三）资历与成就

◆ 你具备怎样的资历？

这里你应该强调你所具备的与应聘岗位相关的技能和成就。尽可能多地给出一些例子和数据来支持你的说法。例如：

我有十多年负责药品销售的工作经验。每年我至少使自己的业绩目标提高 15%，使我的客户群增加 10%。我以前工作过的公司一直把我视为他们最好的销售代表之一。我在工作中业绩突出，我的几个关键客户每年给我带来 120 万元以上的销售额。

如果教育是一项重要的资历标准，你也应当介绍你的教育背景，获得的学位和成就。

◆ 你对这项工作具备什么经验？

就像回答前面一个问题一样，你不要多讲你的岗位职责而要强调你的技能和成就。给出具体的例子来支持你的说法。

◆ 对于你目前/最近的工作你最喜欢的地方是哪里？

考官问这个问题是想了解你的职业价值观。你应围绕工作表现和实际完成能力强调招聘单位所推崇的价值观。不要涉及任何薪水和福利之类以自我为中心的价值标准：

在开发和实施各类项目的工作中，我和一群能力出众，精力充沛，富有创新精神的专业人士一起共事，对此我感到很欣慰。在过去三年里我有机会和该行业最优秀的两位项目经理密切合作。从中我学到了很多关于如何决策以及如何及时运作项目的知识。我期望新的工作环境会同样地鼓励团队协作，主动性和冒险意识。但最重要的是，我将非常高兴能通过团队的努力来创造新的项目并使客户满意。

◆ 对于你目前/最近的工作你最不喜欢的地方是哪里？

在回答这个截然相反的问题时，你要同样记住应对可能会有的负面因素影响的原则。你最好提及一项你已经做了改进的工作中的消极方面。理由是这样的例子可以突出你的主动性和解决问题的能力。你可以这样说：

我不喜欢为了赶工期老是要加班和应付过多的压力。我喜欢在最小的压力下按时完成工作。在某某公司工作的第一年我总是忙得焦头烂额。我能把工作完成，可是我没有任何时间对工作进行详细的计划和安排。我当时在照抄前任的工作方法。但是在第二年我对工作进行了全新的规划和安排，这使我们部门的工作效率大为提高，有了更多的时间规划项目并按时按需完工。这也使公司省下 3 万多元的加班费。同时员工的士气也大为增加。

◆ 对于你目前/最近的老板你最喜欢的地方是哪里？

在回答这个问题时你要突出对于良好的管理原则的欣赏而不要强调老板的个性或者个人特点。你要在具体说明的基础上做进一步的概括，把你的观点和应聘岗位联系起来：

我现在的老板很优秀，他懂得如何管理好他的员工。他不会让下属去做他自己不愿意做的事情。他办公室的大门向所有的员工敞开。而且他提倡开诚布公的双向交流。他在公司营造的和谐互助的工作环境使每个员工都发挥出最高水平。我对他最喜欢的地方是他能持续而真诚地帮助员工。他经常问我们："你干得怎么样？我能帮助你吗？如果你有任何问题就告诉我。"他了解每位员工的实力，并尽力使大家形成最大的合力。他的员工真心地爱戴他。我希望有朝一日自己也能成为这样的老板。

◆ 对于你目前/最近的老板你最不喜欢的地方是哪里？

对这个问题你要小心。因为你对过去老板的抱怨或许反映出你可能对未来的老板也会进行类似的抱怨。即使你和以前的老板有过冲突，你也不要光说老板的坏话，你可以说一下他的某个弱点，同时提及可能伴随的积极因素：

我最不喜欢的是老板缺乏对我工作表现的反馈。我五年前的一个老板总是对他员工的表现作出迅速反馈，不管是正面的还是负面的。你总能了解他对你的看法。那种工作环境积极鼓励上司和下属之间的公开交流，我对此很习惯。我以为一般的公司都是这么管理的。但是我随后就职的某某公司的企业文化和管理风格却截然不同。这家公司主要是通过年度工作鉴定和员工进行交流。我的主管一直给我优秀的年度评语。他非常能干，我从他身上学到了很多。但是他没有逐日对他的下属作出反馈。我后来得知那可能就是他自己的风格。但我也学会了在两种不同的企业文化和管理风格下都做好工作。我认为他的弱点在长远上使我获益良多。

◆ 描述一下你在以前的工作中犯错误的情况。你犯的是什么错误，你是如何改正的？

在回答这个问题时，你可以举例说明，但要强调你从自己的错误中吸取了什么经验。

◆ 在你以前的两份工作中最难操作的部分是什么？

无论你怎么回答这个问题，你都需要说：尽管这是工作中最困难的部分，我还是每次都经受住了挑战。然后你用乐观欣赏的语气介绍一下最困难的部分。你甚至可以补充说：迎接工作的挑战使我自己也获得了长进。

◆ 描述一下你曾干过的最棒的工作以及它棒在哪里。

无论你举什么例子，你都应使它与你目前应聘的工作具有相似之处。在回答的开头你最好这么说：

其实，我以前干过的几乎每一份工作都有一些了不起的方面。我热爱所有这些工作，由于不同的理由它们都可以成为“最棒”的工作。

◆ 你目前/最近的工作与你部门/公司的总体目标有何关联？

你应当用非常清晰专业的方式来回答这个问题。在面试之前好好考虑一下你的工作与公司宏观规划的关系。你具体从事什么有利于实现公司目标的工作？或者更进一步，你可以说明一下你将如何积极主动地使你的岗位发挥比以前更大的作用。这种说法可以说明你工作很有主动性。比如，你可以用这种方式来回答：

我刚刚从事编辑工作的时候，每天做的就是老一套的用铅笔在纸上划来划去，而且经常要熬夜。我拿到分派的文章或报告后，就连续坐几个小时寻找结构错误，语法错误，或者拼写错误。我是一个耐心细致的人，而且有毅力，所以我喜欢这份工作，尽管它并不是很有意思。这种工作任何有点编辑基础的人都能干。不过在第二年我参加了由本地社区学院所主办的一项专门的电脑编辑课程。这门课程为我打开了一个全新的编辑世界。我学会了使用几项最先进的电脑编辑程序。于是我说服我的主管要求管理层购买其中的一种程序。由于我已经掌握了技术，他们同意让我把这个程序发到网上进行六个月的试用。其实只试用了一个月我就为老板带来了显著的效果——我们减少了60%的编辑时间和20%的差错。管理层马上投资购买了其他几种编辑程序，从而使公司在第一年节约了大约4万元的兼职编辑费用。我现在负责管理我们新的电脑化项目，它包括培训员工，改进程序以及升级软件。除此之外，我仍然承担着大量的编辑工作。这份工作现在更有趣而且对公司的整体运作非常重要，同时我感到自己的工作效率更高了。

◆ 你最大的优势是什么？

在回答这个问题时，你应当谈及与招聘单位的需求直接相关的技能和成就。不要谈及突出你的个人特点的优势，比如你的价值观或者态度。重点要谈那些你既能干好又喜欢做的与你的经验和资历相关的东西。招聘单位特别喜欢能显示你在新的工作环境中的适应能力和学习能力的优点。比如你可以这样说：

我很有活力，干劲和主动性，总能良好地适应新的工作环境。我喜欢接受新的挑战，喜欢和目标明确的人一起工作。但我不是一个对工作喜新厌旧的人。我欣赏善始善终。我认为自己最大的优势是能够找准目标，然后努力去做。

◆ 你最大的弱点是什么？

对这个问题你也要小心回答。你不能直接承认你的某项弱点，因为有可能考官会把它当成淘汰你的因素。和我们以前所讲的一样，你可以叙述一项兼具优势内涵的弱点：

我的一个弱点是有时会承担太多的工作却没有时间满意地把它们完成。现在我学会了分清主次，制定更为现实的目标。所以现在我的工作和个人生活的质量都大为提高。

这个回答所遵循的原则也是"要诚实，但不要愚蠢"。我们相信你能举出适合你的个人情况的例子，而且在回答关于你的弱点的问题时遵循这一原则。你可以有多种表达方式，但你不要说："哦，我没有任何弱点。"这样的说法也会显得很愚蠢。每个人都有自己的弱点，但你不应过于直率地承认，以免丧失被录用的机会。

◆ 你想在哪两个方面对自身有所改善？

你要明白这个问题也是在间接地询问你的弱点。应注意不要脱口而出过于直率地承认你的弱点。同时要围绕招聘单位的需求来谈。比如：

在今后两年我想要改进的两个方面是我的管理能力和电脑能力。我已有一定水平的管理能力和电脑能力，但我想做得更好。我会进修一些专门的课程来提高自身水平。

◆ 你成功的原因有哪些？

你在回答这个问题时可以强调促使你成功的某项特定态度和技能。这些态度和技能可以是面试官所熟知的导致成功的普遍因素。你的回答应当深思熟虑而且能吸引人，能够证明你有足够的条件在这家公司取得成功。下面是一种可行的回答方式：

我的成功在很大程度上归功于我的一位大学导师，他向我灌输了一种关于工作和生活的特殊态度。他强调能力和毅力的重要性。所以我总是通过我的工作岗位或者特殊的培训项目来提高我的能力。不管我的工作有多难多么有压力，我总是充满热情地应对它，而且不到完成决不罢休。我没有时间为自己碌碌无为或者推脱工作寻找借口。我想这种特殊的持之以恒的态度使我获益良多。而且我努力向我的同事灌输这种态度。我想成功属于那些目标明确而且愿意为此付出努力的人们。

◆ 向我介绍一项你在目前/最近的工作中乐意承担的职责。

你可以介绍一项对于你面试应聘的工作和目前或最近的岗位都很重要的职责。

◆ 你认为在你目前/最近的工作中哪些职责难以完成?

要确保你回答的职责应该不属于你面试应聘工作的内容或者只是这项工作的不太重要的一个方面。

◆ 描述一下你的一个典型工作日。

这个问题的目的是要了解你在单位的工作态度。每天从你到达办公室的那一刻起一直到你下班你都做些什么?你应避免按照时间顺序罗列一大堆枯燥的事情。而是应当强调你的工作热情,你的关键技能,以及你每天的成就。比如,你可以说:

我的典型工作日涉及大量的会计工作,会晤财务主管以及簿记员。我通常一上班就核对分类账目并把昨天的资产平衡表报送给财务主管。然后我面见簿记员,确保他寄出所有的发票支付所有的款项。其余的时间我要面见其他财务官员以解决在日常会计过程中所产生的任何问题。可以说我每天的主要工作是管理我们的财务部门以及解决大量的棘手问题。

◆ 你善于领导还是善于服从?

你可以简单地回答:

在某些情况下我是一位领导者,而在某些情况下我是一位服从者。两者我都能担当。

必要的话你可以用具体的例子来补充说明。

◆ 在你以前干过的三份工作中,每一项你都取得了何种最大成就?

对于你所取得的每一个工作上的成就,你都可以用具体的故事来说明。不管这是哪一种性质的成就,你都可以用简短而有趣的故事来证实它(你可以预先准备两三个故事在面试的全程灵活使用)。

◆ 你通常是预先估计到问题还是等问题出现后再着手解决？

招聘单位往往想录用那些具有宏观眼光的人。他们希望应聘者有能力预见潜在问题并加以避免或者至少能把对单位的消极影响减小到最低程度。同时，即使是最机敏的员工偶尔也会碰到不期而至的问题，然后他唯一的选择就是着手应对。在回答这个问题时你应当引用一些实际的例子来说明你以前是如何成功地预见到潜在问题从而避免了消极影响或者指出你落实了哪些制度措施来确保从下属中获得周期性信息从而尽可能避免了意外情况的发生。

◆ 在下一年度你会给公司带来多少业务？

这个问题特别适合询问那些拥有良好客户基础或者希望把大量客户带给新单位的求职者。对很多律师而言，这可能是他们在面试中被问到的最重要的问题。律师事务所不太关注求职者的工作技能，而是关心他们是否有能力带来大量的客户，因为客户是律师事务所最重要的经济来源。其他行业如广告公司和公关公司情况也是如此，对它们来说拥有良好的客户基础对公司的运作非常关键。你可以如实回答这个问题，告诉面试官你希望给他们公司带来多少客户每年创造多少产值。另外，你还可以说明一下在你就职后你将引人多少新的客户。

◆ 你发过脾气吗？

这个问题的目的是了解你的某种潜在弱点。尽管可能你偶尔发过脾气，但在回答时应措辞谨慎。比如，你可以这么说：

我有时会感到烦躁，但一般情况下我不发脾气。我学会了不对工作撒气。

◆ 别人最喜欢你的哪些方面？最不喜欢你的哪些方面？

对于前一个问题的回答，你可以罗列这些方面：具有团队精神，与别人能和谐相处，善于应对压力环境，能自告奋勇地做事，坚韧不拔，交际能力强等。而诸如追求完美，追求正确，喜欢主导局势，在同事犯错时予以纠正等方面可能老板们会欣赏，而其他人则往往会不以为然。

◆ 你如何应对充满压力的环境?

对于这个问题你应当清晰地表达自己管理压力的能力。你不能说你没有碰到过压力，因为你应聘的工作本身可能就伴随着大量的潜在压力。你可以这么回答:

多年来我逐渐学会了以积极的方式来应对压力。我知道有些压力来自于工作。如果压力涉及我的下属的工作，我通常会与他们进行积极的沟通以解决存在的问题。如果压力来自我本身的工作，我就每天按时锻炼以保持身体和头脑的效能。我戒了咖啡，因为这会使我紧张，我还参加了一个健康俱乐部。

◆ 你目前/最近的主管对你的工作做过哪些批评?

回答这个问题时你不该把每个主管对你的所有批评都一股脑儿说出来。有两种回答策略，一种是说明你受到批评的工作中的相对不太重要的一个方面；另一种是通过展示你虚心接受批评并改正错误来表达出你积极的一面。

◆ 你对于平时和周末加班怎么看?

在回答这个问题时，你要诚实但不该愚蠢。不要用否定的言辞直接拒绝加班。你可以在回答这个问题时顺便再问一个问题巧妙地使你自己处于有利地位。比如，你可以这么说:

我知道有时因为需要赶时间完成工作任务加班是不可避免的。我愿意偶尔加班。一般情况下，这个岗位多长时间需要加一次班?

你问这个问题就是要获得必要的信息来帮助你决定是否真正要这份工作。而且这个问题的好处是表明你没有直接拒绝加班。

◆ 你如何应对有最后期限要求的工作?

这个问题旨在了解你的工作方式。你是否对最后期限满不在乎?你是否愿意加班?最后期限是否使你颇感压力?在时间压力很紧迫时你能否充分发挥你的工作效能?面试官想了解你在面临最后期限时的工作方式。你可以用最积极的方式来回答:

也许很多人在应对有最后期限要求的工作时颇感困难和压力，但我在压力下也能把工作做好。我接受任务后会进行合理的安排，然后一步一步迅速而扎实地把工作做完。最重要的是，我会竭力避免临时抱佛脚的做法。我的工作目标是提前完成任务，这样我们就有更多的时间为生产高质量产品进行必要的评估。

◆ 你对自己为某某公司做出的贡献怎么看？

这个问题是要你评价自己在目前或者以前单位的工作表现，所以你要说明得积极而具体。你应尽力阐明你在某某公司的成就与该单位需求之间的逻辑联系。使用实例和数字来强调你的优秀之处。例如：

我对于自己在那儿取得的成就很满意。我刚到岗时，那个部门还未上正轨。员工士气低迷，人员流动率很高，工作业绩很成问题。于是我实施了一项新的管理制度，给予员工在各自的岗位上有更大的发言权，这样在五个月之内我就成功地扭转了不利形势。员工士气大为提高，人员流动率降低了30%，而我们部门成为公司业绩最好的部门之一。实际上，我们的做法也带动了其他部门最终进行管理制度的变革。所以我认为现在公司总体上比以前任何时候的经营状况都要好。

◆ 你希望在你目前/最近的工作中取得哪些以前未能实现的成就？

你可以举一些例子来说明你以前着力争取但尚未达到的目标。例如：

我当时的目标是使客户投诉下降50%。在过去三个月里我们已经使投诉减少了40%。我想如果再多一个月的话我们就能达到50%的目标。

◆ 你会给这个岗位带来什么其他候选人所无法提供的东西？

你要再次强调与其他候选人相比你所具备的独特技能，成就和经验。你举的例子要给人留下深刻印象才会产生良好的效果。譬如：

如果我仔细审视以前的工作经历，我能找到一样真正的与众不同之处：我能干成所有我想干的事情。例如，有一次我的主管让我提出一种推销数字影碟机的方法。当时数字影碟正在迅速地取代录像带，而我们面临的市场状况不佳。所以我想出了一个策略，作为春季校园特卖会的一部分，在推销美丽牌录像机的同时推出我们的美丽牌数字影碟机。我们了解到很多消费者仍然不愿购买数字影碟机，同时他们对购买录像机感到犹豫不决。所以我们把录像机作为购买影碟机的赠品。我们的市场研究显示购买我们产品的主要是一些父母，他们买来作为礼物送给孩子。很多这样的购买者认可录像机但不认同我们的数字影碟机。营销结果表明，我们的数字影碟机和录像机两者的销售都增加了330%。所以我将给贵公司带来这种能力。我喜欢为棘手问题提供解决之道。我的主管们通常依靠我推出切实可行的营销方案。

◆ 你和你的上司们相处得如何？

无论你如何回答这个问题，你都要务必传达出你和上司的良好关系。考官可能想找到蛛丝马迹来了解你对上司的态度而不是你的行为表现。例如：

我通常和所有的同事都能和谐相处。尤其我和那些经常对我的工作表现提供反馈的上司们能愉快共事。我和以前的两位上司关系特别好，他们根据我的合作态度和业绩表现把我列为5%最优秀的员工之一。

◆ 你和你的同事们相处得如何？

招聘单位需要的是那些能和谐共事的员工。他们应当协力合作，不会制造人际矛盾。在回答时你应当指出你具有积极的团队精神与别人和谐相处。例如：

我很有团队精神。我喜欢与职场人士共事的和谐气氛。我也善于独立开展工作。我往往能成为某个团队的发言人并且经常担当领导者的角色。我的同事们尊重我的工作，而且经常向我征求意见。

◆ 你如何管理你的下属？

如果你应聘的是一个管理岗位，你应当事先了解优质管理的原则并且使用管理者的语言。这个问题不但考查你的知识而且探究你对下属的管理之道。

◆ 你对于和那些才智或者能力不如你的上司共事作何感受？

如果在某些公司，老员工和新员工在教育，知识和业绩表现上存在显著的差异，这个问题就会被提出。而近来规模扩展迅速的老公司也经常面临这个问题。你应当指出你对于在这种环境中工作是有所准备的。同时，你可以在回答的基础上附带提一个问题，来进一步了解关于招聘单位潜在管理问题的“内幕”信息。你可以如此回答：

不管单位里的同事年龄，教育或者经验如何，我通常都能和他们友好相处。不过坦率地讲，我难以接受别人低劣的工作表现，尤其是当这影响到我自身工作时。如果我的上司水平较差，那么这个问题应该由管理层解决。我希望自己的工作表现能被如实衡量，所以我很难接受一个无能的上司。你能详细解释一下我可能在贵公司会碰到的具体情况吗？

◆ 你更喜欢与别人一起工作还是单独工作？

大多数单位想招到具有团队精神的员工而不是那些喜欢单干的人。你最好指出你具备很强的团队精神或者你的合作能力与独立能力都很强。你可以这样回答这个问题：

我的团队意识很强但我不想引人注目。我对自己应该从事的工作感到很满足。同时，我也能独立胜任那些需要个人主动性与创造性的工作。我不需要大量的指导。你只需要告诉我该做什么，然后我就会独立或者与别人合作把它完成。

◆ 别人怎么看待你的工作？

这个问题可以用很多不同的方式来回答。需要指出的是，这里所谓的别人可能是上司，同事，下属，顾客或者客户。你应当提供证据说明你的工作因为数量和质量上的特点而受到别人的尊重。比如：

通常我们公司的人认为我是一个可靠的生产者。我的上司和同事经常向我寻求建议和管理之道。我与客户们也进行着良好的合作，他们中的很多人已经与我相处五年以上。

◆ 你通常如何应对批评？

这个问题也是用来考查你在单位里和别人的关系。你应如实述说你受到的批评，把它当成是一种积极的力量，并展示你具体的应对方法。例如：

我欣赏建设性的批评因为它有助于我改进工作。我是一个优秀的倾听者，总是认真对待批评。如果批评得有道理，我就作出必要的调整。如果是没有道理的批评，我就带着疑问探究问题的本质。由于我在工作岗位上和别人保持着良好的沟通，所以我总能顺利地应对批评。同时我有能力事先解决很多问题，而不是坐等别人来批评。

◆ 你认为自己有能力承担风险吗？能否举例说明你在以前工作中承担过的风险？

对这个问题你要小心。它可能会成为一把双刃剑，特别是万一招聘单位不想招任何会冒风险的人！你应当分析具体情况而且估计一下在这个单位冒风险是否被认为是一种积极的行为。如果回答是，你就引用具体的例子来说明以前承担过的风险。如果你不能确定，你在回答时就指出你具有冒险者的某些素质，但同时你也是一个非常理性负责的人，不会鲁莽行事。

◆ 你认为自己的主动性比别人强吗？

招聘单位欣赏具有主动精神的员工，因为这可以使管理者在工作中节省很多精力。在回答时你应当指出在工作中你一定会采取积极主动的态度，而且可能比别人更积极主动。比如：

是的，我认为自己的主动性比别人强。我干过的大多数工作赋予我大量自主决策的权力，特别是在生产的层面。实际上，我以前的一份工作本身就要求员工具有主动性。我以前的同事都很有素质，我们需要从始至终都具备主动性，无论是作为一个团队还是作为个人都如此。你能否告诉我公司如何看待员工的主动性？在这个公司决策能力的重要性如何？在处理生产问题时员工们是否有主动权？

◆ 你具有开拓创新能力吗？请举例说明。

是的，我能在没有任何指导的情况下接受新的任务而且胜利地把它完成。我在福山印刷公司工作时，他们正好接手了一家杂志。

他们本不想要的，而且不知道如何处理它。因为他们从事的是印刷生意，对出版业一无所知。他们让我负责经营这家杂志。我对出版业也毫不了解，可我懂营销，所以我查阅了大量的相关资料，咨询了很多业内人士，最终掌握了我应该掌握的东西。在办刊第一年的年终，我们获得了赢利。在第二年的末尾，我们订户数量的增长超过了300%。

◆ 你善于管理时间吗？

时间是你所拥有的最宝贵的商品之一，时间一旦被浪费，就绝无挽回的可能。招聘单位要求应聘的员工能够设定目标，做事主次分明，而且明智使用时间：

我一直能够按期完成工作任务。如果受到意外情况的干扰，我就对自己和下属的工作重新进行安排，以确保一切有序进行。

你可以从你以前的经历中引用实例证明你确实是一个优秀的时间管理者。

(四) 其他问题

◆ 介绍一下你自己。

在回答这个问题时你不需要讲自己从小到大的人生经历。应主要讲你的技能和经验，特别是要强调一下你所取得的符合招聘单位需求的成就。要尽量展示你的实力。这类问题你在准备面试时应该可以预计到，比如，你可以列出：

1. 你与工作岗位相关的五项突出的个人优点。
2. 你与工作相关的五项最佳技能。
3. 你与工作相关的五项积极成就。

你可以记住这些要点以便回答上述问题或者类似问题。但是在面试中你千万不要机械地背诵，你应该尽量讲得自然一点。

◆ 你以前的工资是多少？

这个问题很简单，你的回答也应尽量简单。你可以如实告诉面试官你的工资数额。无论你怎么回答，都不要夸大。

◆ 你想挣多少工资？

你应当事先对你应聘岗位的工资范围有所了解。你可以这样来回答：

我想挣与我的工作岗位相称的工资。我很想挣钱，但我也非常想干一份给我带来成就感的挑战性工作。你们公司以前为这个岗位提供多少工资？

你在谈论工资时，应当总是把它与相应的岗位联系起来。这可以表现出你不但对挣钱感兴趣，而且对干好工作也很有兴趣。

◆ 你以前挣的工资是____，而现在这个岗位提供的工资则要少得多。我们怎么能知道你会对此感到满意呢？

要回答这个问题，你必须搞清楚你以前的工资与招聘岗位提供工资的差距到底有多大。如果你处于失业状态，那么实际上你是没有任何工资收入的。不管两项工资的差距有多大，你都可以这样来回答：

我知道我以前的工资与这个岗位的工资确实有差距。但是，如果我能有适当机会发挥自己的全部聪明才智的话，对我来说，工资差距就不如工作质量那么重要。

◆ 你曾经挣过的最多的钱是多少？

在回答这个问题时，你不应当围绕你挣过多少钱来展开话题，而应强调你勇于接受工作岗位的挑战。你可以这么说：

我很幸运在以前工作过的一些单位获得过高额收入。但我知道并不是在所有的单位都能获得高收入。我更感兴趣的是工作提供的机遇与挑战以及发展潜力。如果我能处理好这些东西，我的努力自然会得到回报。

◆ 你认为什么东西最有价值：是高薪，岗位荣誉，还是发展潜力？

在回答这个问题时，你最好把薪水与职业表现结合起来谈。你可以这么说：

我认为，如果我努力工作，有良好的业绩，我自然会获得荣誉与进一步的发展。

◆ 你要找的是哪一种工作？

这个问题也可以这么理解：你的求职目标与我们单位的需求一致吗？如果你在面试之前做过研究，你就非常清楚你应聘的是哪一种工作。如果你还未做过研究，你可以这么回答：

我要找的是能够促进公司发展并且适合我的经验与背景的挑战性工作。

◆ 你觉得最难做的是什么事情？你是如何处理这些事情的？

如果你是一位会计，工程师或者技术人员，你的回答应当围绕你所不具备的岗位特性。举例来说，如果你是单位里的会计或者工程师，你要回答你觉得最难做的事情是从事推销工作。如果你是一位推销员，那么你可以说对你来说最困难的事情是从事会计或者工程工作。也许答案过于浅显了，但这种回答非常保险。

◆ 你撒过谎吗？

不消说，这个问题颇具黑色幽默的特点。最好的回答是承认在极少的情况下你确实撒过谎，不过这是因为如果实话实说就会伤害别人的感情。比如，你可以回答：

如果我被邀请参加一项我确实不想参加的社交活动，我会答复说我有另外的安排。我想这种说法在本质上就是撒谎，但是如果我实话实说，就会无谓地伤害别人的感情。

然后你点到为止。如果考官进一步追问你，你还可以补充：

确实，在一切商业活动中保持诚信非常重要。我认为撒谎在根本上是不对的，只有在不会产生严重后果的情况下才能作为一种体面的策略偶尔使用。

◆ 你对于成功的定义是什么？对于失败的定义是什么？按照这两个标准，你对自己如何评价？

这个问题有丰富的内涵，可以用不同的方式来回答。大体上你可以这么回答：

对我来说，成功就是不断追求崇高的目标，借此实现个人发展并能供养家庭。我认为，失败的唯一定义就是放弃追求。我永远不会选择失败。

◆ 如果你以前有先见之明的话，你会怎样改变你的人生或者职业？

这是一个很好的问题，你需要给出一个圆满的回答。你可以提及那些显而易见的事情。例如，如果你没有完成你的大学学业，你可以回答说，回顾起来，你当时应当把大学念完。如果你在简历上列出了两三个以前干过的短期工作，你可以回答如果你当时有先见之明的话，你不会干这些工作。你应当谈论你的职业生涯中的任何明显的错误或者失策，承认它，然后说明你从错误中学到了很多东西。你也可以进一步总结：

对我来说，重要的事情是我从我曾犯过的每一个错误中都学到了很多。我很幸运以后就不再犯同样的错误。我知道以后我会犯其他新的错误，但我会不断吸取教训，争取做得最好。

你不要回答说你不会作任何改变，因为即使真的如此，别人也不太会相信你。

◆ 你认为我们行业有什么发展趋势？

要回答这个问题需要你事先做一番研究。如果你已经进行过信息性面试，你就该掌握了用于回答这个问题的大部分信息。如果你还没有进行过信息性面试，你就上网浏览一下该公司或者同行业其他公司的网站。你也可以事先阅读一下行业刊物来把握最新的发展动态。

◆ 你心目中的最佳工作是什么工作？

你的最佳工作应该涉及你所应聘的工作，也应涉及一种能使员工发挥最高水平的良好的企业文化。比如，你可以这么说：

我心目中的最佳工作应该能允许我发挥我的全部能力。我希望我能有机会参与重要项目并最终承担起领导我的团队的职责。我善于在团队环境中工作，愿意主动参与大型复杂项目的开发。

◆ 你将对我们公司以及这个岗位带来哪些变革？

你应非常慎重地来回答这个问题。你可能对该公司有一些了解，但可能了解的还不够多，所以你不该贸然地为他们的问题提出解决方案。而且你提议的变革有可能对某些员工乐于从事的工作产生消极影响。在你有机会上岗来了解公司真正的运营情况之前，你的建议可能只会显示出你对公司的无知。所以你要回答得策略一点，深思熟虑一点。你最好指出你需要进一步了解公司的情况。所以你在正式进入公司之前不应该提出任何不成熟的建议！比如，你可以这么说：

我想我开始工作后可能会对这个岗位的某些方面做一些变革。但是，现在我不打算提出任何建议。我通常需要时间来了解公司和我未来的同事。我会咨询那些与我的岗位密切相关的员工来了解他们需要哪些变革。至于公司需要哪些变革，我希望能在上岗几个月之后交给你这个问题的答案。我需要深入了解公司的运营情况，进一步了解公司的目标以及我的同事。

◆ 你会聘用哪一种人来从事这个岗位的工作？

这个问题的答案很简单——像你一样符合招聘单位要求的人。比如，你可以这么回答：

我会聘用那些有丰富的经验，明确的目标以及优秀职业纪录的人。我会对这样的员工感到满意。实际上我会毫不犹豫地聘用我自己。

◆ 你认为这份工作与你目前/最近的工作有何相似之处？

你将提到的相似之处应当强调你在工作岗位上所具备的优势。

◆ 这份工作与你目前/最近的工作有何不同之处？

你的回答应当强调你应聘的岗位比以前岗位的优越之处。比如，你可以说“管理层的支持力度更大”“公司目标更符合我的价值观”或者“这份工作更有意义（或者更有挑战性）”。

◆ 你曾被解聘过或被要求辞职过吗？为什么？

你应慎重回答这个问题，诚实而不愚蠢。如果你确实曾被解聘过或被要求辞职，你应当以适当的方式予以承认。然后以尽可能积极的方式来解释当时的处境，同时不要对你以前的单位有任何抱怨。

每天都有很多人不是因为自身的错误而被解雇。重要的是对当时的情况加以妥善的解释。并告诉考官你从以前的经历中吸取了什么教训。比如，一种可行的回答是：

十二年前由于和我的老板就几个议题协商未果，我辞了职。当时我们一致同意，我选择自愿离开，作为交换，老板付我三个月的工资解雇费。我们当时的几个分歧主要是关于管理政策。如果当时我们再僵持下去的话对彼此都不利，所以老板和我都认为我最好离开。回顾起来，我觉得我当时太年轻，不愿意听取别人的意见，不愿意做出妥协。如果我今天再来处理这件事的话，我会与我的老板更加密切地合作，争取更好地理解他的观点而不是一味地说服他采纳我的建议。不过，我们当时还是友好地分了手，直到今天仍然还是朋友。我从这件事情上学到了很多并因此有所长进。

当然也有截然相反的情况。比如，你可能因为拒绝听从不道德或者非法的命令而被解雇：

三年前我被大发运输公司解雇。我本可以待下去的，但我的老板要我做假账来逃避工资税。我拒绝这么做，于是马上被解雇失了业。我将近三个月时间找不到工作，所以那段时间我在经济上很困难。但是我无怨无悔。我很看重职业道德，我不能在工作岗位上干违法的事情。事实上，我以前的老板现在已经因为逃税被起诉了。

◆ 你找另外一个工作花了多长时间？

在回答时你千万不要说你花了很长时间。否则你会显得很绝望或者就业能力很差。如果你确实花费了一段时间，你要强调为了找到一家高质量的单位进行了很多选择。比如，你可以这么说：

过去几个月里我一直在职业市场找工作。我寻找的是能适合我独特兴趣和技能的专门工作，所以我认真地选择了少数几家单位进行考虑。你们也是其中之一。

◆ 你愿意到外地工作吗？

显而易见，如果这个岗位需要员工到外地工作而你不愿意去的话，你就不太可能会获得聘用。与此同时，你可能想在这个问题上留有余地而不直接给出否定的回答，因为某些派遣地点你可能会同意去。现在的招聘单位也理解员工到异地工作会给其配偶与家庭的生活质量带来一定的负面影响。你可以这样来回答：

这取决于我将被派遣到哪里工作。我妻子也有工作，我的孩子们还在上学。如果我到外地工作，这将对我们全家都带来一定的影响，所以我需要事先征求她们的意见。我进入公司后过多长时间会被派遣？会被派到什么地方？公司会对我的家属提供适当的帮助吗？

◆ 你每个月愿意出差几天？

这个问题只有你自己才能回答。你应通过面试官了解招聘单位多久要你出差一次。你可以这样说：

我不知道这个岗位对出差的具体要求是什么。公司会要求我每月出差几天？通常我会到哪里出差？

◆ 你期望的薪水是多少？

你应慎重对待这个问题。当你在面试中有机会了解招聘岗位的价值并且展示你自己对于招聘单位的价值之后，这可能是你需要回答的最后一个问题。这个问题最适合于在面试的薪水协商阶段来谈，即招聘单位明确通知你已被录用之后。但考官也可能提前在面试中提出这个问题。你可以推迟回答这个问题或者反问一下考官，让考官告诉你这个岗位的工资范围：

对于具有与我同样经验的员工你们会提供的工资范围是多少？

如果考官指出的工资范围与你通过事先研究所得出的数字大致相符的话，你可以把你期望薪水的下限作为招聘单位的上限。比如，考官说公司可以提供的工资范围是 39000 元到 42000 元而且这与你掌握的行业水准相符的话，你既可以直接接受那个范围，也可以通过回答为自己留下日后谈判的余地。比如，你可以说：

我期望的薪水范围是 42000 元到 45000 元，所以我们的数字差不多。

◆ 你过多久可以来上班？

如果你需要辞去目前工作的话，你应当至少提前几个星期通知单位。如果你担任的是高层职位的话，你需要提前更多的时间。你也可以反问考官：

你想要我什么时候开始工作？

你可以按照考官的回答适当再多留出一些时间以办理辞职手续。

五、另外一些可供参考的问题

（一）教育背景

- 你最喜欢的大学课程是什么？
- 你在大学时的主修课程有哪些？你为什么选择这些课程？
- 你在何时选择了专业？
- 介绍一下与你未来职业目标相关的学术成就。
- 你大学时的学习成绩如何？你对此怎么看？
- 单位在招聘应届大学毕业生时是否应该把学习成绩当成衡量未来职业潜力的指标？
- 你在上大学时与老师们相处得如何？
- 你的学业成就与未来的职业理想有何关系？
- 你对于自己的学业成就满意度如何？
- 你在专业之外还选修了哪些科目？你为什么选择这些科目？
- 为了获得大学学位最难完成的事情是什么？
- 你的学术实力如何？
- 你在学校里学到的最重要的东西是什么？
- 念大学时你最喜欢什么课程？最不喜欢什么课程？为什么？
- 什么课程对你来说最难？
- 如果可以的话，你会对学过的大学课程作哪些改革？
- 在大学你都参加过哪些课外活动？
- 介绍一下你在课外活动中的成就。

◆ 你在改进社团活动时碰到的最大挑战是什么？
◆ 你最喜欢做什么事？
◆ 你的教育背景与我们公司的工作环境有何关联？
◆ 描述一下给你带来最大收获的校园经历。
◆ 举例说明你在担任社团领袖时所遇到的挑战。
◆ 如果你可以再过一次大学生活，你会有怎样不同的表现？
◆ 你在参与校园活动时担任过什么职务？
◆ 你在学校社团中的主要职责有哪些？
◆ 你对于自己担任的社团职务最感兴趣/最不感兴趣的是什么地方？
◆ 你是否曾有机会参加某个体育团队？请简单说明一下。你碰到了哪些问题？

（二）职业理想

◆ 你为什么想到我们公司工作？
◆ 对于你希望录用你的公司你会如何评价？
◆ 你为什么选择从事这个行业？
◆ 是什么使你认为你会喜欢这个行业的工作？
◆ 你正在寻找什么样的机会？
◆ 你希望在工作中避免什么？
◆ 你不喜欢什么样的工作任务？
◆ 在你以前干过的几份工作中你最喜欢/最不喜欢哪一项？为什么？
◆ 被人拒绝时你会如何应对？
◆ 哪个人或者哪件事对你人生的影响最大？
◆ 什么事情会激励你付出最大努力？
◆ 你会如何描述你自己？
◆ 描述一下你的领导风格。
◆ 你的朋友们会怎样描述你？
◆ 别人会怎样描述你的弱点？

- 你认为你以前的领导会怎样回答我们的背景调查问题？
- 你现在或以前的同事不喜欢你的哪些方面？
- 什么会让你发火？
- 你在做自我评价时认为最重要的个人因素有哪些？
- 列举三样你想要改善的个人特点以及你曾为此做出过哪些努力。
- 在哪种组织结构中你能发挥最高水平？
- 你日常使用哪些组织技术来实现你的学业，工作和社会目标？
- 在你的人生中你面临的最大的个人挑战是什么？
- 你在开始从事新的职业时面临的最大挑战是什么？
- 你的个人目标有哪些？你都实现了吗？
- 你在哪些方面努力进行改善和提高？
- 你最钦佩和尊敬哪两个人？为什么？
- 你认为这个行业的成功人士应该具备什么条件？
- 你在黎明公司从事岗位的哪些方面最令你头疼？
- 如果你能为自己创造一项最完美的工作，你会做什么？
- 你有什么特长可以使你成为这个岗位的一个令人瞩目的候选人？
- 你对于应聘的岗位了解多少？
- 是什么使你认为你能干好这个岗位？
- 我如何能知道你会在我们公司很好地干一段合理的时间呢？
- 你的长期目标有哪些？你准备如何来实现它们？
- 你对于未来三年的理想和目标是什么？五年呢？十年呢？
- 你的短期目标有哪些？
- 你希望一周工作多少个小时？
- 你对于职业成功的标准是什么？
- 你有明确的目标吗？
- 这项工作如何与你的职业目标相符？
- 你为何认为你能干好这份工作？
- 请描述一下你理想的工作和工作环境。
- 你如何定义成功的职业？

- 你为什么对这个职业感兴趣？
- 你的职业兴趣是什么？
- 你真正感兴趣想做的是什么工作？
- 你想在哪种环境下工作？
- 你最想在哪个城市工作？
- 你对于实现自己目前的职业目标制定了怎样的时间表？
- 你更喜欢理论性的问题还是实践性的问题？
- 介绍一下你会让招聘单位赏识的五大优点。
- 你能对我们公司做出的最大贡献是什么？如果你被录用你会在我们公司干多久？

（三）资历与成就

- 你以前有过哪些工作经历？你是如何获得这些工作的？
- 你在以前的工作经历中取得了哪些成就？
- 你在工作中获得的最有价值的经验是什么？
- 你认为你受过良好的全面培训吗？
- 你有组织岗位活动的经验吗？
- 你以前最显著的成就有哪些？
- 你最不值一提的工作经验是什么？
- 你曾经和具有与你不同背景的人一起工作吗？
- 你拥有哪些有助于你实现职场成功的技能和能力？
- 介绍一下你以前担任过的领导职务以及相关的成就。
- 描述一下你在求学时或者工作时的一次令人沮丧的经历以及你是如何应对的。
- 你是如何与身边的人交往的？
- 对你来说，在团队项目中工作有什么利弊？
- 你在以前单位类似的工作岗位上担任过领导职务吗？
- 你如何描述你的领导风格？

◆ 你曾经碰到过的最难打交道的人是谁？你是如何应对的？

◆ 你以前的老板是如何对待你的？

◆ 你在工作岗位上碰到过哪些问题？

◆ 你以前应付过的最棘手的问题是什么？

◆ 你能和别人良好地共事吗？

◆ 不管是好是坏，你以前工作过的两个单位会对你作何评价？

◆ 你以前工作时完成过什么项目？是如何完成的？

◆ 你在赶工完成项目时有过怎样的经历？说明一下。

◆ 你在以前的工作经历中最感兴趣的是什么？最不感兴趣的是什么？

◆ 介绍一下你干过的最棘手的工作任务。

◆ 你从以前干过的工作中学到了什么？

◆ 介绍一下你与别人的一次冲突以及你是如何解决的。

◆ 怎样的人生经历使你收获最大？

◆ 什么样的经历可以证明你能成为一个合格的经理？

◆ 请详细说明你简历上的某一项工作经历。

◆ 介绍一下你以前工作的职责和要求。

◆ 你对于这项工作最大的优势或者弱点是什么？

◆ 我们如何知道你会成功地从事这项工作？

◆ 你最近学到的业务经验是什么？你是如何学到的？

◆ 你从你最近从事的工作中具体学到些什么？

◆ 你对于我们的行业了解多少？

◆ 我们行业面临的最大问题或者挑战是什么？

◆ 你对于我们公司了解多少？对于我们的竞争对手呢？

◆ 描述一下你曾碰到过的一个棘手的业务问题以及你是如何处理的。

◆ 你曾在何时何地做出过困难的决定？是什么样的决定？

◆ 我认为凭你的经验和教育背景你无法胜任这项工作。你对此怎么看？

- 你的何种经验可以表明你具有工作主动性？
- 除了你的教育背景和职业经历之外，你还想让我们了解你的哪些情况以便我们作出适当的决定？
- 介绍一下你在大学里取得的最感自豪的成就。
- 至今为止你生活中最大的成就是什么？
- 你在上一份工作中所取得的最重要的一项成就是什么？
- 你对自己的什么成就感到最自豪？
- 你在求学，工作和玩耍时如何安排自己的时间？
- 你最喜欢在每天的哪个时间段工作？
- 介绍一下你与工作经历相关的交际技能和个人技能以及你解决问题的能力。
- 在应聘这项工作时你具有哪些使你从候选人中脱颖而出的技能或者特点？
- 干这项工作你具备哪些技能和能力？
- 你有创造力吗？……我正在写一本书，题目是“普通红砖的 101 种日常用途”。你能告诉我红砖的五种用途吗？
- 请看这幅关于某个电子元件的照片，你将和别人一起工作来提高它的性能。它被用来操纵直升飞机悬停于海洋平台之上。你会在着手进行这个项目之前在你的工作安排中设定哪些问题进行思考？
- 你认为这项工作的主要目标有哪些？
- 如果我们单位录用了你，你会如何认定自己岗位的主要角色和职责呢？
- 你在工作，社交和其他活动中接受过哪些角色和职责？
- 你的人生目标是什么？
- 你在哪些公司工作过？你对它们的评价是好是坏？为什么？
- 你钦佩你以前领导的哪些方面？你对他们的哪些方面不欣赏？
- 在你看来，成功营销需要哪些条件？
- 你的个人激励技术有哪些？

◆ 你通常如何解决问题？

◆ 在团体环境中你如何解决冲突？

◆ 如果派给你这项任务，你会如何来完成？

◆ 当你不同意管理层或者老板的意见时，你如何让别人了解你的观点？

◆ 如果按照从 1 到 10 的评分标准给人打分，你会给自己打几分？

◆ 你认为你在工作中发挥了最高水平吗？

(四) 其他问题

◆ 去年你休假多长时间？

◆ 你个人曾碰到过经济上的困难吗？

◆ 如果你继承了一笔很大的遗产，比如两百万元或者三百万元，你会如何处理？

◆ 如果你的个人承诺和一项工作上的紧急业务发生了冲突，你会怎么办？

◆ 你是如何度过业余时间的？你有哪些业余爱好？

◆ 你认为一项工作中最令你感到满意的是什么？

◆ 你上学费用的百分之多少是你自己挣来的？你是如何挣的？

◆ 你念书时是如何度过假期的？

◆ 你打算一边工作一边完成大学学业吗？

◆ 你上过的学校符合你的期望吗？或者你感到很失望？

◆ 你的学习成绩能在多大程度上反映你学到的知识？

◆ 你认为你接受的教育有价值吗？

◆ 你对于薪水怎么看？

◆ 你对于你的家庭怎么看？

◆ 你对于体育运动的兴趣如何？

◆ 你能不凭借你的教育水平从零开始干起吗？

◆ 你有男朋友/女朋友吗？你对他/她是真心的吗？

- 你在____岁时希望挣到多少钱？
- 你在念高三时在班上排名第几？
- 你认为你为参加课外活动付出时间值得吗？为什么？
- 你认为哪些因素能决定一位员工在一家优秀公司的发展前程？
- 要在你选择的职业领域取得成功必须具备哪些个人特质？
- 你父亲从事什么职业？
- 介绍一下你在成长过程中的家庭生活。
- 你找的是长期工作还是短期工作？
- 这个岗位需要你到外地工作，你认为这会给你的家庭带来什么问题？
- 这个岗位需要经常出差，你将如何应对？
- 如果两年后你被解雇，你会怎么办？
- 你认为要实现你的职业目标，你还需要进一步接受哪些正规或非正规的教育？
- 如果今天你被我们公司录用，三五年后你想从事什么岗位？
- 你计划在我们公司工作多久？
- 哪种类型的人是你最好的朋友？
- 你怎样与难以相处的同事合作？
- 你最喜欢哪种类型的老板？
- 你目前有亲戚在我们公司工作吗？
- 你的主要兴趣就是挣钱吗？
- 你会愉快地接受命令吗？
- 你本人的协调性强吗？
- 当别人催促你做出决定时你会如何反应？
- 介绍一下你曾如何口头说服别人接受你的方法或者思想。
- 请讲一个故事。
- 介绍一下你经历过迅速变化的一种情境。你是如何应对的？
- 你和你的父母住在一起吗？你父母的哪些方面对你产生了最深刻的影响？

- ◆ 你以前的老板会推荐你吗？
- ◆ 我们的产品或者服务的哪些方面使你感兴趣？
- ◆ 你在服兵役时表现如何？
- ◆ 你的主要兴趣领域发生过变化吗？为什么？
- ◆ 你对于自己受过训练的领域中的机遇了解多少？
- ◆ 你在与同学老师相处时遇到过困难吗？与同事相处时呢？
- ◆ 你觉得你在求学时哪一年最困难？
- ◆ 你的消费支出的来源是什么？
- ◆ 你拥有人身意外保险吗？
- ◆ 你是否有存钱的习惯？
- ◆ 你有债务吗？
- ◆ 你多大年纪就开始自立了？
- ◆ 你喜欢上学吗？
- ◆ 你喜欢每天按部就班工作吗？
- ◆ 你最喜欢哪种规模的城市？
- ◆ 你从何时开始养家？
- ◆ 谈谈合作的含义。
- ◆ 你会使出浑身解数来赢得竞争吗？
- ◆ 你要求得到别人的关注吗？
- ◆ 你是否具有分析事物的习惯？
- ◆ 你渴望讨好别人吗？
- ◆ 你是如何保持身体健康的？
- ◆ 通常你如何过星期天？
- ◆ 你曾经得过严重疾病或者受过重伤吗？
- ◆ 你愿意接受公司派遣去外地出差或者工作吗？
- ◆ 如果让你自由选择的话，你愿意在我们公司干什么工作？
- ◆ 如果别人的背景和兴趣与你不同，你会觉得难以容忍吗？
- ◆ 你都看过哪些类型的书？
- ◆ 你计划接受进一步的教育培训吗？

◆ 哪种类型的人容易对你产生误会？
◆ 你喜欢参与运动还是喜欢做一个旁观者？
◆ 你做过家教吗？
◆ 你最喜欢干哪些工作？最不喜欢干哪些工作？为什么？
◆ 你何时可以来我们工厂接受进一步面试？
◆ 你具有哪些特殊能力？
◆ 你在求学或者工作时经历的最大失败是什么？
◆ 你喜欢应聘大公司还是小公司？为什么？
◆ 你对于现在的商业运作了解多少？
◆ 你喜欢旅行吗？
◆ 你选择的行业有哪些弊端？
◆ 你对研究有兴趣吗？
◆ 结婚之后，你在家里多久娱乐一次？
◆ 你平时喝白酒吗？

六、面试官常用的一些心理诱导技巧

今天的面试官都很清楚如果用人不当公司就会为此付出代价，所以他们千方百计要确保他们聘用的是最优秀的求职者。在这种思想指导下，他们会在面试中使用特殊的技巧诱导应试人承认自己的各种弱点，不道德的行为，以及个人隐私，借此把应试人淘汰。尽管某些面试技巧表面上很单纯，但如果你对此不加防备的话就会落入考官的陷阱而后悔莫及。

所以，你在碰到这些狡猾的面试官时应当有所准备，事先了解在面临具体的情境时该如何应对。但是，笔者并不是鼓励你去撒谎而是要你时刻牢记，你在面试中的任务就是强调你的优势，而非流露你的弱点。如果你能准确评估你的能力并对应聘的工作充满信心的话，你只需要讲一些必要的实话而无须透露任何不相关的信息。

的确，大多数考官掌握的面试知识还不如你多（因为你看了这本书），但有一些考官却是精通面试的专家。下面介绍的是考官常用的一些心理诱导技巧，它们被用来诱使应试人讲出不利于自己的实话。而你可以通过了解这些技巧来防止在未来的面试中落入陷阱。

◆ 误导性的面部表情。应试人在面试中会使用自己的身体语言，例如身体稍向前倾，微笑，与面试官保持目光交流等来表示自己的专注。而面试官也会使用一定的面部表情来诱导应试人进行回答。比如，有的面试官会稍微扬起眉毛对着应试人微笑，表现出乐于接受和满怀期待的表情，这往往会使应试人相信考官是真诚友善的，以至于泄露出关于自己的负面信息。在询问敏感问题或者私人问题时考官使用这些表情会产生更大的迷惑性而使应试人放松防备。所以千万不要被误导：不管考官表现得多么真诚而坦率，你都要用谨慎的措辞来回答这些敏感问题。

◆ 有意停顿。富有经验的记者在采访心狠手辣的罪犯、油嘴滑舌的政客或者善于交际的名人时会使用有意停顿来从他们嘴里套取信息。而有意停顿的技巧应用在应试人身上则效果更明显。在与人面对面交谈时我们大多数人都对中途出现的沉默感到不舒服，往往会急切地讲一些话来填补空白。所以，当考官停止讲话而眼睛盯着应试人时，后者在心理压力之下不是对他们前面的回答进行详细补充就是开始谈论新的话题。

  在面试中应对沉默的最好方法是也保持沉默，而且要尽量表现出愉快的样子。应试人的这种反应会产生一种善意的僵持状态，结果往往令考官耐不住性子而继续询问下一个问题。大多数有意停顿持续不过数秒钟的时间，如果停顿时间超过了两秒钟，考官往往就意识到你没有中计。

◆ 两步走的面试问题。在跳舞时，舞伴会带领你迈着一系列预定的步伐完成整个舞曲。同样，在面试中考官会通过按照一定的步骤向你提问来了解你的全面信息。在这方面考官经常使用的方法就是先就一个基本主题进行提问，在你回答后再要你给出这样回答的理由。考官的提问方法大致如此：譬如，考官会先向你提问：

"你当时决定主修什么专业?"稍后他/她会继续问你:"为什么?"

考官使用两步走的方法来获得关于你的判断力，动机以及其他个性因素的线索。所以如果你对前面这个问题这样回答:"我当时决定主修历史，因为我认为历史学掌握了对于未来问题的最终解决之道。"你的回答任务并没有完全完成。如果你面对的是一位面试专家，他/她会继续问你为什么历史学对你那么重要或者为什么历史学会让你愿意花四年时间来攻读而不是仅仅修读一两门相关课程。要圆满地回答两步走的面试问题你需要在面试之前做好充分的准备。你对自己了解得越多，你和考官的问答就会越圆满。

◆ 细目清单式的问题。在面试中考官也会问一些提供多种选项供应试人选择的问题（即所谓的细目清单式问题）。考官的目的往往并不是帮助你在压力环境下理清思路而是恰恰相反。当考官提出问题并提供一系列可供选择的选项时，他们的目的往往是对你前面的某个回答的细节进行证实。譬如，如果某位应试人在答题时显示出不愿意涉及具体细节的倾向，考官就会伺机问一个细目清单式的问题，在提供的多种选项中列出有关某个细节的参考答案，借以来诱导应试人进行回答。

◆ 模棱两可的问题。考官们用来探究求职者弱点的另一个狡猾的技巧就是使用模棱两可的问题。之所以叫模棱两可的问题是因为考官会向你提供两个选项：第一个选项你不太会选，除非你在某个领域具有高度的技能或者独特的品质；而第二个选项则较容易选择，但是它不太会令你满意。

这里有一个例子:"你的写作能力如何——你具有那种令你满意的写作能力，或者你的写作能力尚有待改进吗?"如果你选择第一个选项，就意味着你觉得不需要改善你的写作能力——而这是需要你用充分的事实来证明的！如果你选择第二个选项，就意味着你承认你的写作能力还不够。所以总体上，你最好根据你的具体能力来策略地回答模棱两可的问题。这里是对于上面问题的回答示例:"我是一个完美主义者，所以我的写作能力可能永远也达不到令我自己满意的程度，但是我的写作能力要高于一般人的水平。我写作时非常仔细，反复修改，以尽量避免错误的出现。”

七、工资协商技巧

为了获得更丰厚的工资回报，应聘各类三资企业和民营企业的求职者都需具备一定的工资协商技巧。但实际上，由于很多求职者在求职过程中缺乏这种能力而被淘汰。而另外一些求职者尽管获得了录用，但由于他们的协商能力也存在瑕疵，所以导致他们最后获得的工资比他们应该得到的要少，甚至在最后阶段丧失被录用的机会。这非常令人惋惜。

由于很少有求职者懂得如何有效地协商工资，所以大多数求职者在找工作时其实并没有就他们的工资与招聘单位进行协商。大多数求职者在招聘单位提出初步的工资方案时就迫不及待地予以接受，因为他们担心如果他们提出与招聘单位进行工资协商就会丧失被录用的机会。但是，从另一方面来说，一味地被动接受也会使我们吃不必要的亏。

谈判专家列出了谈判新手经常会犯的四个策略性错误。这些错误不仅出现在一般性的谈判中，而且往往是工资协商中产生问题的根源。

1. 不能坚持到底。有谈判专家指出：“有的谈判者向对方提出条件后，如果对方没有马上接受，他们毫不坚持就径直转向别的话题。如果你有这种特点的话你就应该改变它。你必须学会要有毅力，必须坚持到底。”

2. 缺乏耐心。谈判专家说：“缺乏耐心的谈判者有两大弱点。一方面，他不愿意让谈判过程自然而然地产生结果；另一方面，他对暂时出现的僵持局面耐不住性子，不愿等待看下一步会发生什么。而实际上，能否把握时机往往是成功完成谈判的关键因素。”

3. 以过低的要价参与协商。很多时候参与谈判的一方提前接受了比对方预定计划要低的报价。一旦接受了较低的报价，你就不太可能再提出更高的要求。

4. 缺乏研究。很少有人会预先准备事实材料来支持他们在谈判中的立场。他们仅仅是凭感觉来确定某项价值标准。缺乏准备会使你付出很高的代价。

工资协商的两项原则

为了避免上述的问题，你可以在工资协商阶段参考借鉴两项有效的基本原则。

过早谈论工资会使你淘汰出局

很多招聘单位在传统的面试筛选过程的早期阶段就想了解你预期的薪水是多少。他们可能会在面试之前通过候选人的求职申请表和求职广告来掌握这一信息。而有些招聘单位则会在面试之初就问你这个问题。

这一信息为何对招聘单位如此重要？理由就在于，有的求职者的期望薪水要远远高于招聘单位愿意支付的水平，所以，招聘单位不想为这些人浪费时间。简单地说，他们获得这一信息就是为了要把你淘汰。

招聘单位在传统面试过程的早期阶段就千方百计淘汰尽可能多的候选人。如果招聘的岗位发布过广告并且很诱人，通常申请人会很多。招聘单位会尽力搞清楚你是否想要比他们所能提供的更高的工资。如果真是如此的话，他们就会认为，即使你被聘用，你也会很快离职去追求更高薪水的工作。基于这个理由，我们关于工资协商的第一条原则就出来了。

工资协商原则一：在招聘单位正式决定录用你之前绝不要与他们谈工资。

在面试过程中过早谈论工资对你没有任何好处。如果面试官想了解你对于工资的期望水平，你最好不要告诉他/她一个具体的数额，而是使用灵活的技巧来进行应答。对于面试官初步的询问你可以用以下几种方式来进行答复：

- “对于具有类似要求的工作岗位你们能提供的工资范围是多少?”
- “我对这个岗位很感兴趣，我的工资可以和你们进行协商。”
- “请告诉我你们打算提供什么样的工资范围?”
- “我喜欢这份工作，会对你们提供的任何合理的工资价位加以考虑。”

面试官急切地想知道录用你会对他们的底线产生什么影响，所以他们会尽快地来谈论工资话题。根据专家的调查，在面试筛选过程中，工资相关问题是候选人被淘汰的主要原因。无论面对没有什么工资协商权的面试官还是未来你将要碰到的能决定你工资的公司实际决策者，恰如其分地回答工资问题对你非常重要。

在你确信筛选淘汰的过程已经结束而工资协商真正的时机到来之前，你应尽可能推迟谈论任何工资话题。然后，一旦时机成熟进入协商，要尽量使考官先开价。你要记住工资协商中最重要的一条原则：先开口的人往往会输。

如果你运气好的话，恰当地运用这些策略会使考官告诉你工资范围或者至少把进一步的协商推迟到时机真正成熟之时。如果这些策略不起作用，考官坚持要你说出你的期望工资，你仍然有其他的方法可以来应对。

提前了解可能的工资范围

没有做好工资协商的准备而参加面试是很不明智的。就工资协商的整个过程而言，事先了解招聘单位会付多少工资非常关键。

工资协商原则二：要提前了解在类似企业类似工作岗位的可能工资范围。

也就是说，有效的方法是考虑工资时要考虑一个幅度范围，而不是一个具体的数字。要知道，大型企业往往比小型企业支付更高的工资，而在我国的不同地区，工资幅度差异很大。你要事先了解在你所处地区这种工作所支付的大致工资范围。这种信息不太难获得，你可以使用的途径有询问那些在类似岗位上工作的员工，在网上进行搜索，或者到图书馆查资料。

第五章

QIUZHI MIANSHI JIQIAO

关注你的身体语言

今天大多数人都认识到他们的交际方式本身也能传达信息。事实上，你的非言语交际不但可以传达出你的大量信息，而且通常比你的言语陈述更为可信。交际学研究表明，在很多场合大约三分之二的信息是通过非言语方式传达的。我们知道非言语行为比言语更难控制，所以我们往往更相信身体语言所传达的信息。在这个竞争激烈的商业社会，如果你能在面试时善用身体语言去营造出色的形象，表现你的优势，增加自己的本钱，便能比较容易从众人中脱颖而出，达到锦上添花的效果。因为在你举手投足之中传达给面试官的信息其实比语言更能暴露你的内心，身体语言往往是不由自主的，你可能根本就没有意识到自己的动作。专家表示："当一个人表现出言谈与举止不一致时，人们多半会相信眼睛所看到的东西。"

据主持筛选面试的考官介绍，尽管每次面试的整个过程可能长达数十分钟，但是淘汰或者保留某位候选人的初步决定往往是在开场之初的三五分钟作出的，而且随后很少被改变。面试官是根据什么作出自己的评判呢？当然主要不是根据应试人的话语内容，而是根据他们流露出来的非言语信息。

因此你的仪表与服饰，你对于紧张情绪的控制能力。以及你与面试官交谈时的活力程度都会对面试结果带来重要的影响。本章将重点介绍你在面试中可以采取的一些积极的身体语言策略。

一、塑造成功的形象

当你与别人见面时你最先传达的信息来自于你的外表。在你还没有开口说话之前，别人就注意到了你的仪表和服饰，并由此推断你的性格，能力和特点。当别人对我们做评价时，如果缺乏其他信息，我们的外在形象就会对他们的知觉产生最大的影响。在大多数面试的开始阶段，应试人面临的就是这种情况。如果你能有效地管理你的形象，你就能传达出很多积极的信息。

◆ 注意你的头发。头发要整齐、干净、有光泽、能够显露出你的整个面庞，不要遮遮掩掩。一般情况下，发型还是传统和保守一些为好，既不要染成彩色，也不要太前卫。如果把发型搞得过于新奇而引人注目，面试官会把眼光停留在你的发式上而另想别的。女士如果要烫发，最好提早在面试前一星期左右做，以免带着浓烈的烫发药水味儿。男士除了把头发修剪及梳理好之外，面试当天起床后还应把胡须刮干净。此外，应去除头发和衣服上的头皮屑，否则脏兮兮的会令人十分讨厌。

◆ 注意你的服饰。一般来说，穿衣打扮是为给人留下可靠、礼貌的良好印象，并且面试的场所，一般都在办公室，所以求职者应该以职业者的形象出现在考官面前，在衣着修饰中显现你的职业素养。但是要注意不要让服饰掩盖了你，是你而不是你的服装成为面试的焦点。

男士面试时应当注意的事项有：

1. 选好西装

男性应着西装系领带或得体的工作服，而不要穿 T 恤、运动衣、皮衣或其他休闲服装，以免面试官认为你没有职业场合意识。

注意一：最好穿深色的衣服，灰色、绿色和深蓝色都是不错的选择，它们给人以稳重、可靠、忠诚、朴实、干练的印象。

注意二：不要穿合成纤维织物。合成纤维一般有看起来比较便宜的光泽和纹理，尽管它不一定便宜，并且它不像天然纤维那样笔挺，容易长久保持身体线条，所以尽量选择天然纤维的服装。

2. 穿上衬衫

只穿长袖衬衫，白色或浅色为宜，而不要穿带图案的或条纹衬衫。天然纤维衣料最好，棉布的容易起皱，把衬衣送到专业干洗店，稍浆一下，洗熨干净非常必要，尤其是领口袖口，衬衣一定要保持干净。

3. 系上领带

领带要笔直清洁，结要打得紧和整齐，颜色和图案不要太夸张，应和衣服相称。

领带只有一种可接受的选择——真丝领带。亚麻的经常起皱，毛的太随便，合成纤维的不好打结，看上去又很便宜。

4. 穿好鞋袜

最好穿黑色皮鞋，一定要上油，刷亮，擦去灰尘和污痕。鞋带要系牢。男士的袜子颜色一般不要比裤子淡。

女士面试时应当注意的事项有：

1. 适合你的套装

套装适合于大多数的面试场合，其中有一个好处，那就是你的套装不必完全模仿男装的两件套。尽管碳灰色套服加上白色的衬衫也许是最稳妥的组合，但是各种其他颜色或单色的服装都是可以令人赏心悦目的。

与男装相反，纯天然纤维面料的套装并非是女装最明智的选择。用羊毛或亚麻编织的衣服容易起皱，所以可以考虑天然与合成纤维的混纺织物。底边离地面的高度因季节的改变而不同，性感的超短裙，并不适合办公室的工作，如果你选择一条比在社交场合所穿的裙子再稍微长一点的裙子，考官和你都会感觉更自在。

2. 衬衫

长袖衬衫是最理想的，而且最好在外衣的袖口外露出 0.5 厘米或 1 厘米，避免穿短袖衬衫，更不能不穿衬衫。

至于衬衫的面料，天然纤维最好，特别是纯棉布和真丝的。女士选择颜色的范围较广，但职场广泛接受的颜色是白色和淡蓝色，深蓝色也可考虑。

简洁的样式最好，守旧的领子尽管有点严肃但能迎合保守的考官。

3. 鞋跟和袜子

没有带子的高跟船型鞋是面试最稳妥的选择。避免穿过高的高跟鞋，不然走起路来会使你不自信。要选与你的套装及配饰相配的鞋。

至于袜子，关键是不要太显眼，穿颜色淡的或者肉色的比较适宜。

4. 饰品

至于饰物，女性一般会选择腰带。腰带的质地、式样很多，只要和鞋相配即可。但是有时候要多注意，尽管蛇皮、鳄鱼皮、蜥蜴皮也许会吸引人，但是万一你面对的主考官是位环保主义者，还没等你开口说话，你就失去了这份工作。

至于珠宝饰品，是越少越好。结婚戒指、订婚戒指总是合适的，但要避免一只手上同时戴好几枚戒指。另外，用小巧的耳环点缀一下或戴一个好项链来突出你的套装没有什么不对的，但不要给人造成华而不实的印象，手镯也是这样，不要佩带刻有自己姓名的手镯和珠宝，许多考官发现这种手镯太吸引人或太幼稚。

◆ 注意坐姿。椅子尽量坐深一点，双脚对齐，脚尖适度分开，上身挺直，双手置于膝上，头部要摆正，嘴巴闭起，眼睛正视前方。

要了解各种坐姿语言的特定含义。不同的坐姿表达的含义是不同的。例如，身体靠在沙发背上，两手置于沙发扶手上，两脚自然落地、叉开，表示谈话轻松、自如、自信；身子稍向前倾，两腿并拢，双手放于膝上，侧身倾听，说明很尊重对方；身坐椅子前沿，身子向前，倚靠于桌上，头微微倾斜，表示对交谈内容非常感兴趣、喜悦和重视；坐在椅子上交谈，微微欠身，表示谦恭有礼；身体后仰，甚至转来转去，则是一种轻慢、失礼行为；整个身子侧转于一方，表示嫌弃与轻蔑；背朝谈话者，是不予理睬的表现。

总的要求是坐姿要端庄。如果座位已指定，那么，具体坐法是：走到座位前，背向椅子，使腿靠近椅子，上身挺直，轻缓落座。女性应试人若着裙装，落座时应用手理一下裙边，把裙子后片向前拢一下。坐下后，应双脚并齐，挺胸立腰略收腹，手放在膝上或椅子扶手上，掌心向下，双膝并拢或微微分开，双腿正放或视情况向一侧倾斜。

◆ 注意清洁卫生。手是人体中活动最多的部分之一，也常常是人们目光的焦点。请把你的双手洗得干干净净，指甲修剪得整整齐齐。指甲一般与指尖等长，要刷净其中油污。职业女士一般不宜留长指甲，以免影响正常操作办公室设备。

牙齿一定要干净，最好在面试当天临行前刷一次牙，彻底清洗一下，牙缝里万万不可留有食物渣滓，否则会让考官倒胃口。如果有较大的牙齿缺陷，可作些适当的修整，比如去医院镶牙或补牙。焦黄、灰黑色的牙齿会阻滞考官的谈话欲望，应将杂色清除，考官希望看到应试人皓齿明目。

身上的怪味应清除。面试时，应试人和考官的距离一般不会很远，如果你身上散发出汗臭味、腋臭味、烟味等怪味，考官闻到了肯定会厌恶，这也要影响面试效果。因此，面试前务必把身上的怪味清除掉。清除怪味的办法有多种。一是面试前的那餐饭菜不要吃洋葱和大蒜，也不要喝酒，以免口腔怪味刺人，酒气熏天。饭后漱漱口，最好刷刷牙。二是面试前洗个澡，这既可以把汗臭味冲洗掉，把腋臭味冲淡，也可以使你更加精神抖擞。三是面试前别抽烟，烟味会萦绕不散，气味难耐。四是可以在身上适度地抹些香水，香水既可驱散其他气味，又可沁人心脾。香水需提前两三个小时抹，可擦在耳后、衣领处、手肘内侧、手腕、胸前及膝盖内侧，不要把香水直接喷在衣服上。香水的味道应选择清淡型的，如玫瑰香型、米兰型和黄角兰型。其他具有性挑逗作用的香水切忌选用。

二、合理疏导你的紧张情绪

任何人在接受面试之前都会紧张，这很正常。不同的人紧张程度会有所不同，但这是人们对于压力情境的普遍反应。大多数应试人都希望他们能消除紧张情绪。尽管这种想法可以理解，但如果你处理不当的话，很可能会产生反效果。

正确的做法是要对你的紧张情绪进行合理疏导。

首先你要对面试保持良好的心态，即不论胜败你都是赢家。如果你的面试成功了，你就赢得了工作。如果你的面试失败了没有得到工作，你还是赢得了宝贵的经验。不管你多么想得到这份工作，不管你已经失业多长时间，或者不管你感到有多么绝望，你都不要把面试看成是一场非生即死的体验。有了这种心态，你就能初步树立信心，为顺利地完成整个面试过程打下良好的基础。

你的紧张情绪是你的肾上腺激素分泌增加的一种生理表现。如果你能学会管理而不是反抗这种生理反应，你就能使它产生积极的效果。适度的紧张情绪能使你保持警醒，在面试中作出更好的表现。那么，你如何才能最好的来管理这种紧张情绪呢？下面是五种非常简单的策略。

策略一：深呼吸

听起来是不是很简单？你可以这么来做：深吸一口气，屏住呼吸，然后有意识地呼出气。你要至少重复五次。然后你会感到你对自己呼吸的控制更加自如了。当你有规律地进行适当的呼吸时，你的心脏会感到舒服，慢慢地趋于平静。在你全神贯注之时，你会忘记那些烦心事。

策略二：微笑

在你等候面试时，你可以微笑。医学研究表明当你微笑时你是在练习你的面部肌肉，这有助于你放松。如果你从未看到过自己微笑的样子，你就照照镜子。你可以对着镜子微笑，笑得越自然越简单越好。你会发现，在你微笑的时候，你额头上的皱纹自动消失了。当你对别人微笑时，别人会对你做出更加积极的反应。所以你在等候面试时应当微笑。微笑着问候接待员和面试官，他们会对你留下更好的印象，而你也会对自己更满意。

策略三：伸展关节

当你在等候面试时，你可以坐在椅子上简单地伸展一下你的关节。这些动作应该不会影响别人的注意力。

1. 闭上眼睛尽可能三百六十度转动你的头颈。先顺时针转两次再逆时针转两次。

2. 两只手掌心相对互相挤压使产生吸力。每次保持挤压状态五秒钟然后松开。一直做直到感觉有所放松为止。

3. 一边做深呼吸一边伸缩你的腹部肌肉。当你深深吸气时收紧你的腹部。屏住气过两三秒再呼气，同时放松你的腹部。然后再重新开始做。

4. 握拳把双臂平伸到胸前做扩胸运动，同时转动头颈伸展颈部肌肉。注意幅度不要太大。

策略四：用积极的暗示鼓励自己

你可以在心里反复默念“我能行，我一定能成功”直到你对此深信不疑。你有充分的理由相信你可以成功完成面试。即使面试不太成功，你从中获得的实践经验对你以后面试也有参考价值。

策略五：亲人的支持就是力量

笔者曾经参加过一次研讨会，在会上主讲人发言说即使听众中没有人喜欢他或者欣赏他的观点，他的妻子仍然会爱他尊敬他，这个想法给了他很多勇气来好好表现。

他的话可以给大家一个启示。你在等待面试时可能会感到紧张孤独。可以理解的是，你不想使你自己或者家人朋友失望，所以你不想把面试搞砸。这些人是你巨大的勇气来源。

你在心里好好思索一下，找一位爱你尊敬你的人，这个人对你抱有信心。当你感到担忧或者无力时，你可以想象他/她对你的支持而获得信心与能量，你还可以在心里默念他/她的名字。你会感到平静而更有信心。

三、展现你的活力

在筛选面试中没有被淘汰掉的候选人就进入了招募面试阶段。招聘单位认为他们至少具备岗位所需的一些基本资质，比如教育背景和工作经验。在这个阶段面试官将考查无法直接从候选人的简历或求职信中了解的一些特质，如可靠性，智商，能力，主动性，友善性，受人喜欢的程度，以及热情。最后，招聘单位将录用那些他们喜欢而且认为会与其他员工友好相处的应聘者。

你的热情是你能传达的最重要的特质之一。研究表明员工的可靠性包含三项主要内容：技术专长，可信度和活力。前面两项内容是我们马上就能想到的。我们都知道，我们必须在别人面前表现出能干和诚实。但是活力对于许多求职者来说还是个新鲜概念。一个优秀的求职者应当是一个充满活力的人，他会浑身流露出热情和干劲。一个充满活力的人通常比一个平淡，低调的人更可信。他会给人留下这样的印象，即他是一个实干家，一个实实在在做事的人。所以你需要显示出你的热情，时时刻刻展现你的活力。

下面这些身体语言能以积极而充满活力的方式增强你的言语效果。

◆ 身体稍向前倾。如果你坐在面对考官的位置，可以身体稍向前倾。这可以表现出你对考官的言谈以及面试的进度很感兴趣。你向前倾的幅度不要太大，以不被人觉察为好。

◆ 与考官进行频繁的眼神交流。眼神交流可以使你与考官保持和谐的关系，也可以表现出你对于对方话语的兴趣。如果你在问答时看着考官，他会觉得你更可信。如果一个人的目光躲躲闪闪或者不敢直视别人的眼睛，他可能不会很诚实。

◆ 展现愉快的面部表情。活泼有神的面部表情可以传达积极的态度。你要适度微笑来传达你的积极态度，但不要过度，以免使别人轻看你。有的人习惯微笑，而有的人很少微笑。你可以自我观察一下或者让一位朋友给你作出反馈。当然你的面部表情应当和所谈的话题相符，不要一直傻笑，最好你的表情能够反映出你对于面试内容的真诚的兴趣。

◆ 通过你的语音语调传达兴趣和热情。语音语调尽管看不见摸不着，却是非言语交际的关键因素。你的嗓音可以传达很多你自身的信息，也可以明显表现出你对于面试官和招聘单位的感兴趣程度。你的嗓音是你展现自身活力的最有效的途径之一。无论在当面面试还是在电话面试中你都要积极地展现你的语音语调。

四、展现你的体面和文雅

你的站姿，坐姿和行走的姿态都会影响别人对你的看法。无论你的社会地位是高是低，你都应该在面试中尽量表现得体面而文雅，这会给考官留下极好的印象。你一定记得在你的少年时代你的父母对你的行为姿态进行过谆谆告诫。比如，他们会说“把胸挺起来”、“把头抬起来”之类的话。在面试中你应特别注意以下这些行为：

◆ 把胸挺起来。

◆ 把头抬起来。

◆ 不要把双手抱在胸前。

◆ 坐着或站立时双臂或者双腿不要分得太开。

◆ 使用手势来强化你的语言效果。

◆ 在适当时刻点头表示赞同，但不要做得过度。

◆ 声音要足够响亮，使考官能听清。

◆ 吐字要清楚，不要含糊不清。

◆ 措辞要适当。

◆ 适当地停顿进行强调。

◆ 注意你的语速。不要说得太快，也不要说得太慢。过于紧张的人往往语速会太快。

体面文雅的人往往会使别人感到舒服。如果你在面试中感到紧张不自在，你就多把注意力投向别人，这样你的面试过程就会顺利得多。多关注对方的言谈，少关注自己的行为，你就会给考官留下良好的印象。在面试中如果你的身体语言表达以别人为中心展开，你就会比那些以自我为中心的应试者更加讨人喜欢而且显得更有实力。

第六章

QIUZHI MIANSHI JIQIAO

向考官发问

即使是面对最优秀的面试考官你也需要问一些问题。同时，你还需要做出重要的决定。你确实对这项工作感兴趣吗？它符合你的目标和技能吗？它会使你有机会做自己擅长和喜欢的事情吗？它会使你有机会做一个更有前途的人吗？这些问题和其他一些问题对于你的未来具有重要意义，你可以利用面试的场合进一步掌握信息，来找到这些问题的答案。

我何时该发问？我该问哪些问题？我该隔多长时间问一个问题？这是很多准备求职面试的候选人所关心的。大体上，这些问题没有固定的答案，因为每一场面试都不尽相同。不过，在你对自己具体要参加的面试场合进行分析时，有一些指导思想会对你有所帮助。有一些面试专家建议应试人用整个面试过程10%的时间来提问，比如说，考官每问完你9个问题，你就可以问他一个问题。但这个方法有点过于呆板。面试应当是双方问和答的双向交流。双方都需要进一步作出决定，并且需要获得信息来随时对对方作出评估。

一般情况下，求职面试的总体框架和流程是由考官所决定。随着面试的进行，在某些阶段考官的话语会使你产生提问的想法。如果这时候发问是有价值的，你就应该问。如果你的问题是接着考官的思路所进行，它往往能推动而不是打乱面试的进程。如果你是一位敏锐的倾听者，你应当能够判断你提的问题是否能对考官产生积极的效果。通常在面试快要结束的时候，大多数考官会问应试人他/她是否还有任何没有得到解答的问题。这时你就有机会把需要问的问题向考官提出来。

本章将重点介绍你应当问哪些类别的问题以及你应当避免问哪些问题。

一、关于职业动机的问题

◆ 你以前为什么到这家公司工作？
◆ 你在这家公司已经工作了多长时间？
◆ 你为什么继续为这家公司工作？
◆ 你最喜欢你们公司的什么地方？最不喜欢你们公司的什么地方？
◆ 你希望你的儿子/女儿也到这家公司工作吗？
◆ 为何你与公司保持着和谐的关系？
◆ 公司为我制定了怎样的工作目标？
◆ 你认为我为何该从事这项工作？
◆ 公司希望我做出哪些贡献？
◆ 我如何才能证明我的实力以及对公司的承诺？
◆ 你们公司希望成功的候选人能如何做这项工作？
◆ 以我受过的教育和培训我能为你们公司做些什么？
◆ 促使你成功的个人特点有哪些？
◆ 我在公司的头五年怎样做才能取得成功？
◆ 有朝一日我能向公司投资吗？

二、关于招聘单位和岗位的问题

假设在面试之前你已经研究了你应聘的公司。你已经从公司的宣传手册以及当地图书馆的商业资料中收集了必要的信息。你上网浏览过该公司的网站。你已经与该公司的员工进行过交谈，对它的人事情况有了一些了解。所以你不需要问那些基本的问题，比如公司生产什么以及公司的资产或员工的规模。如果你问那些你本可以通过少量的研究就找到答案的问题，你就是在浪费宝贵的面试时间。所以你应当把时间用在其他更值得问的问题上。

对于公司情况提问，你可以了解公司的发展方向和企业文化。

对于工作岗位提问，你可以了解你将来加入公司后将会碰到的具体的日常活动。

下面是你可以问的一些具体问题：

- ◆ 这个岗位为什么要对外招聘？这是一个新岗位吗？如果不是新岗位，它的前任员工为什么要离职？如果这位员工是因晋升而离职，那么他现在从事的是什么岗位？
- ◆ 这个岗位对于公司的重要性如何？
- ◆ 这个岗位晋升的可能性如何？
- ◆ 公司的组织结构如何，这个岗位处于什么位置？
- ◆ 公司目前的经济状况如何？
- ◆ 你认为公司将来会发生哪些变化？
- ◆ 你认为公司将来的发展方向如何？
- ◆ 公司的短期战略目标和长期战略目标都有哪些？
- ◆ 为了在迅速变化的全球经济中取得成功公司正在采取什么行动？
- ◆ 你认为明年公司面临的最大挑战是什么？
- ◆ 你们的竞争对手有哪些？
- ◆ 公司在推销产品时取得了多大的成功？
- ◆ 你们的客户回头率高吗？
- ◆ 为了具有更强的行业竞争力，公司制定了哪些计划？
- ◆ 公司的成功之处与失败之处都有哪些？
- ◆ 公司最大的弱点是什么？
- ◆ 你们公司有哪些与众不同之处？
- ◆ 公司计划往××的方向发展吗？
- ◆ 请介绍一下你们公司的伦理哲学与环境哲学。
- ◆ 空气洁净立法（或其他现行的课题）会对公司产生什么影响？
- ◆ 你们最近的服务/改革对你们的业务有什么影响？
- ◆ 你认为公司需要改进的最大领域有哪些？
- ◆ 去年公司经历了哪些显著的变化？
- ◆ 公司内部提拔员工与对外招聘的比例是多少？

◆ 你们如何知道该重新招募员工？

◆ 你们公司近期招募的员工流动率如何？

◆ 请介绍一下公司对于员工的管理政策。

◆ 你们公司如何鼓励新员工跟上科技的进步？

◆ 最近招募的员工对你们公司有什么反馈？

◆ 你会如何描述你们公司最成功的员工？

◆ 如果我努力工作，我能在公司里获得晋升的机会吗？

◆ 如果我工作表现良好，五年后我能担任什么职务？

◆ 什么因素会使我离开公司？

◆ 我在公司有多大的流动余地？

◆ 请介绍一下你在公司的职业道路。

◆ 你们公司与当地社会的关系如何？

◆ 假设你是求职者，你希望在加入公司之前了解公司的哪些情况？

◆ 公司最近有什么扩张或者缩减计划？这些计划会对这个岗位或者它所在的部门产生什么影响？

◆ 大多数员工平均在这家公司工作多久？

◆ 请向我介绍一下公司的人事情况，管理方式，工作量，预期业绩以及工资报酬。

◆ 你对公司的财政状况和发展潜力作何评价？

◆ 如果让你简单描述一下这家单位，你会怎么说？它的员工们怎么样？它的经理人员和主管们怎么样？它的业绩评价系统如何？它的晋升政策如何？

◆ 如果你可以重新作选择的话，你还会同样决定加入这家公司吗？

◆ 如果我的工作表现优异的话，你认为再过五年我会在公司处于什么位置？

◆ 这个岗位空缺是如何产生的？这是一个新设立的岗位还是最近有人从岗位上离职？

◆ 请介绍一下我大部分时间将从事的工作的性质。

◆ 在我的工作时间，我还将承担哪些临时性的任务？

- ◆ 我的最重要的职责是什么？
- ◆ 这项工作为何对公司很重要？
- ◆ 这个岗位的工资是多少？
- ◆ 我的工作有什么发展前途？
- ◆ 公司希望我在这个岗位上完成什么业绩？
- ◆ 我的工作业绩会如何评估？
- ◆ 如果可以的话，你将对这个岗位做出哪些变革？
- ◆ 我的岗位与公司的使命、业绩和赢利有何关联？
- ◆ 我将被安排参与哪些项目？
- ◆ 我的直接主管是谁？
- ◆ 我将与哪些客户打交道？
- ◆ 管理层希望在这个部门的发展方向上推动哪些变革？
- ◆ 我未来上司的管理风格是什么样的？
- ◆ 管理层希望这个部门的职能进行哪些改良？
- ◆ 以前这个部门在达成工作目标时遇到过哪些主要问题？
- ◆ 被录用的员工将会面临哪些主要挑战？
- ◆ 如果被聘用我会接受何种培训？
- ◆ 公司希望我多久出差一次？
- ◆ 你希望我何时上班？
- ◆ 请简单介绍一下我未来的上司和同事好吗？
- ◆ 我的工作业绩将被如何评价？多久评价一次，由谁来评价，使用什么评价标准？员工能参与评价吗？你们有没有一个现行的年度业绩评价体系？这个体系已经操作多长时间了？它与员工晋升和加薪的相关性如何？员工们对这个体系如何评价？你认为这个体系需要做哪些变革？
- ◆ 请向我介绍一下公司的管理制度好吗？主管们如何看待他们在公司的角色？请介绍一下我的直接主管。
- ◆ 公司的人际关系复杂吗？我是否必须参加某个团体？这个招聘决定是否存在争议？所有员工都认为他们受到了管理层的公平对待

吗？在我工作的部门谁被认为最有势力？

- ◆ 公司提供在职培训吗？公司对于员工参与本人业务范围之外的培训提供资助吗？对于重返学校接受继续正规教育的员工，公司提供资助吗？
- ◆ 员工有平等的个人发展机会吗？如果工作业绩突出，我会被提拔到什么岗位？
- ◆ 请介绍一下你们的企业文化。
- ◆ 公司推崇哪些价值观？
- ◆ 你个人从事这项工作的经历如何？
- ◆ 在 XYZ 公司的教育深造机会有哪些？
- ◆ 我将在小组还是团队中工作？
- ◆ 公司将给我多大的自由度自行解决工作中的问题？
- ◆ 当我不能解决问题时我能得到什么帮助？
- ◆ 你们公司的环境怎么样？

第七章

QIUZHI
MIANSHI
JIQIAO

现场面试之后的后续工作

尽管现场面试结束了，但面试所包含的全过程一直要到你被正式录用以后才算完成。你可能参加了一场面试，也可能已经参加了一系列的面试，但你暂时还不能松懈下来。如果你真正想得到这份工作，你就应当在后续阶段继续做一些事情。在离开面试现场之后，你可以从事一些活动让招聘单位继续关注你了解你。

你回家之后可以做的一些事情：

- 对面试内容做笔记。趁着你对面试内容还记忆犹新的时候把一些要点记下来。要不然过了一星期你就会把一些重要的内容给忘记了。
- 安排你的后续活动时间表。假设你与面试官约定在下星期一上午 9 点到 10 点之间给他打电话，你就应当把它写进你的时间表，否则你很容易忘记。
- 给面试官寄感谢信。尽可能在面试结束的当天就寄出感谢信。你可以先用电子邮件发一封感谢信，随后用普通的平信再寄一封感谢信。
- 按照预先约定的时间给考官打电话。如果你按照预先约定的时间给考官打电话，你就会给他们留下做事有条理以及诚心要这份工作的印象。如果你准备了一个具体的问题，可以在这个时候问。如果有一个你想要的职位空缺，就明确说你想要并解释理由。如果没有空缺的职位，就说这次面试对你来说是一次愉快的经历，你会在求职过程中继续与他们保持联系。如果面试官把你推荐给别人，你应让他们继续了解你的联系进展情况，征求他们对于你的下一步行动的建议。你也可以利用这个机会，让面试官告诉你一些有用的联系人，以便你可以就适合你的技能与经验的岗位情况向他们进行咨询。当然，新的推荐人可以帮助你进行进一步的活动。
- 安排进一步的活动时间。约定时间与面试官再谈一次。而且随后要寄给他新的感谢信。

一、感谢信很重要

简历和求职信使招聘单位对你有所了解，而感谢信则表现出你是一个温文知礼，具有职业素养的人。正确地使用感谢信可以使你给招聘单位留下积极的印象。

在面试结束之后寄感谢信有几大理由：

- 可以给面试官留下积极的印象。面试官会认为你懂道理，有礼貌。
- 这会创造另一个机会，让面试官在关键时刻留意你。
- 让你有机会最后一次表达自己的观点。你可以含蓄地陈述一下你是岗位最佳候选人的理由，也可以对面试过程中出现的任何问题进一步加以说明。
- 如果面试官对你的个人资料关注不够，感谢信可以使他重新了解你的联络方式，有利于他给你打电话。

感谢信写作的五个建议：

1. 决定使用电子邮件还是平信更有利

你要考虑一下时间因素以及收信人和收信单位的正规程度。如果你要让你的感谢信在马上将要举行的第二次面试前或者招聘单位做出正式录用决定前到达，你最好使用电子邮件。如果时间来得及或者你觉得有必要正规一点的话，你就使用常规的平信。

2. 使用优质纸张和信封

如果你的感谢信采用平信的形式，你应当在文具商店选用优质纸张和信封。它们应当体现出你的职业风格。

3. 选择手写还是电脑打印

传统上感谢信采用手写的形式，但现在大多数的感谢信都是电脑打印。如果你的字写得很漂亮，你完全可以采用手写的形式，招聘单位往往能够认可。如果你的字写得不好，你就应该用电脑打印。

4. 把握好感谢信的内容

你的感谢信应当简短而友好。记住一条原则：写感谢信的目的主要是感谢别人做过的事情，而不是为了获得录用而强行推销自己。你可以在感谢信中含蓄温和地再次提及你具备的与招聘岗位相关的技能或其他资质。所以，感谢信不仅可以用来表达你的感激之情，而且使你有机会最后一次说明你应该被聘用的理由。如果你的竞争对手很聪明，他就会写感谢信，所以你最好也这么做。

你应花费一定的时间与精力，根据收信人的具体情况和面临的具体形势来设计感谢信的内容。你要具体说一下下次与面试官联系的准确时间。你应表示你期待着与他会面并且表示感谢。而且你应在信中再次提及你的姓名与联系方式，以便让考官更好地记住你。

5. 马上把信寄出

你应当在面试之后 24 小时之内写好信并寄出。最好在面试结束后马上就写，因为这时你对细节的记忆还很清晰。

不管你面临的是何种情况，你的感谢信都应当以积极的方式阐述考官在面试中对你关注的要点。比如，如果考官关注的是你缺乏某种特定的经验，你就可以在信中答复说你具有快速学习的能力，主动性强，而且做事认真仔细。一旦你消除了考官的顾虑之后，你可以进一步强调对于应聘岗位的兴趣。比如，你在信中可以加上这么一段："在对应聘岗位有了进一步了解之后，我更加相信我的技能和教育背景会为你们公司带来价值。我渴望能马上到你们公司开始工作。下星期二我会打电话来询问录用情况。"

二、打后续电话

大多数招聘单位都会乐意接受求职者在面试结束之后打来的电话。实际上，大多数求职者在面试之后与招聘单位的联系中都不够自信和果断。下面这些建议将有利于改进你的电话联系效果：

- 询问何时可以给考官打电话。在面试结束时，你可以询问考官何时可以给他打电话，你可以把他的答复记在你的时间表上。

- 按照预定的时间打电话。在考官事先提议的某一天的某个时间打电话。如果在此之前你已经做了一定后续工作的话，考官应该已经收到你的电子邮件或者感谢信。这些都会使你给人留下好的印象。
- 如果有职位空缺，就要求上岗。如果你想要这份工作，就直接说出来。告诉考官你为什么想得到这份工作以及为什么这份工作适合你。
- 大胆地经常给他们打电话。如果你联系的招聘单位现在没有空缺的职位，你就要求与他们继续保持联系。你应清楚地告诉他们你很愿意在这个单位工作，而且随后会经常给他们打电话或者发电子邮件来了解相关的工作岗位情况。这种联系方式会使他们牢牢地记住你。如果有适合你的技能的岗位出现的时候，招聘单位很可能会在发布招聘广告之前就提前对你加以考虑。但是这种情况只有在你与他们保持经常联系的基础上才会出现！
- 要求把你推荐给别人。每次你联系招聘单位时，询问一下他们是否知道有任何其他单位可以提供适合你的技能的岗位。如果有的话，可以要求他们推荐你。

图书在版编目（CIP）数据

求职面试技巧 / 乐轩编著 .-- 北京 ：中国社会出版社，2008.10（2025.8 重印）

ISBN 978-7-5087-2361-7

Ⅰ. ①求… Ⅱ. ①乐… Ⅲ. ①职业选择—基本知识 Ⅳ. ① C913.2

中国版本图书馆 CIP 数据核字（2008）第 154409 号

求职面试技巧

责任编辑：孙　研
责任校对：王　璐
装帧设计：尹　帅
出版发行：中国社会出版社
（北京市西城区二龙路甲 33 号　邮编 100032）
印刷装订：北京联兴盛业印刷股份有限公司
版　　次：2017 年 10 月第 2 版
印　　次：2025 年 8 月第 8 次印刷
开　　本：170mm × 230mm　1/16
字　　数：200 千字
印　　张：11.5
定　　价：30.00 元

客服热线：（010）58124852　投稿热线：（010）58124812　盗版举报：（010）58124808
购书热线：（010）58124841；58124842；58124845；58124848；58124849